我が奇縁のことひと

［上巻］

―アマネシアからの視座―

福島義光
FUKUSHIMA YOSHIMITSU

幻冬舎MC

我が奇縁のことひと［上巻］

―アマネシアからの視座―

序文

今年は奄美群島が祖国日本に復帰してから70周年にあたります。

奄美群島は敗戦の翌年の昭和21年2月2日に、日本本土と切り離されて米軍政府下に置かれ、本土との往来は外国扱いされ自由な物流も禁止されて全群島民が「孤児」のごとくに塗炭の苦しみを味わっており、この窮状を脱するため、群島民挙げての一致団結した祖国復帰運動を展開しました。そして、８年間の行政分離を脱して１９５３年（昭和28年）12月25日にようやく悲願の祖国復帰を成し遂げたのでした。

また、一昨年の２０２１年7月には、国連教育科学文化機関（ユネスコ）によって奄美大島が生物多様性基準を満たすものとして、他の徳之島・沖縄島北部及び西表島と共に世界自然遺産に登録されたのです。

現在の奄美群島はインフラ面では本土にひけを取らないほどに充実してきており、特に交通機関の発達では陸上の道路や隧道が整備されたばかりか海運業の面でもインバウンドを乗せた大型クルーズ船の接岸可能な港湾設備が名瀬港に完成し、さらには群島内の各島々に空港も整備され航空路も拡充してその発展には刮目すべきものがあります。

しかし、ほんの70年前の奄美のシマジマは、現在から見れば別世界と呼べるような様相を呈していて、それは敗戦後の日本国民が等しく貧しかった生活実態がここでも展開されていたのです。第二次世界大戦の戦中と敗戦後の体験を共有する日本人でしたが、日本本土と奄美群島が異なった歩みを見せ始めたのは、実は行政分離によって奄美群島が本土と切り離された時点からでした。奄美群島が祖国復帰を成し遂げるまでの８年間は、本土の戦後の復興の流れから置きざりとなり、本土との格差が一層拡大していきました。

奄美は祖国復帰により一足遅れの戦後復興に仲間入りをするはずであったにもかかわらず、奄美群島の本土との格差は容易に埋まりませんでした。

作家である島尾敏雄は、このような島々の生活を「離島苦」と呼んでいます。

離島であるが故にインフラ整備は遅々として進まず国の振興計画は名前を変えつつ幾度となく繰り返されたすえに、ようやく現在の奄美の姿に変貌しました。

本書は日本の戦後と共に歩み成長した昭和19（１９４４）年生まれの著者が自らの体験を踏まえつつ、身の回りで起きた事件（ことがら）や交友関係（ひと）を社会と歴史を回顧しながら描く、昭和の一断片です。戦後の分離中の奄美の祖国復帰運動とその後の鹿児島で生活した思春期を通してみた一人の奄美出身者の歴史でもあります。

２００８年９月から、２０１２年12月まで、奄美の地元紙の南海日日新聞文化欄に月１回のペースで52回にわたり掲載してきた「我が奇縁のことひと」を、このたび幻冬舎から出版することに致しました。連載当時には、新聞紙面掲載の原稿であったために、文字数制限で素稿を半分ほども削って新聞掲載されたものです。

また、新聞の文化欄掲載のため、そのときの時宜に応じた話題性の意味合いも持たせて毎回執筆しており、毎月のニュースともリンクした文章になっていました。

毎回、２枚の写真と図版を掲載しましたのでその総数は１００枚を超えていますが、本書にはそのすべてではなくて厳選して載せてあります。

執筆に必要な文献渉猟の資料収集にあたって、多くの方々のご協力をいただきましたことをこの場を借りて感謝のお礼を申し上げさせていただきます。

連載52回のうち29回までを上巻として出版しますが、これは、下巻を含めてお読みいただかないと私の述べたい意図は充分に読者の皆さんにはお汲み取りいただけないと思っています。とにかく、私の意図へのメルクマールとしての上巻になります。さらには、私のライフワークのフォークロア（民俗学）の視点である「虫の目」から見えた世界の記述となっています。

また、今回の幻冬舎の出版に先立ち、本稿は既に数年前に私個人の自力により米国アマゾン本社と契約をとりかわしてネット本として発刊販売し、また、紙の本としてのインデザインで作成したオンデマンド出版をこれもまた自力でのアマゾン販売をしているところです。今回の出版にあたり、これまでのアマゾンでの自力・自作書籍は、その販売を閉鎖します。

そのような私から言えることは「本を読まないインテリ」が増加していると感じているということです。学生時代にバーンアウトしているせいなのか、本を読まない傾向は全国の書店が激減している現状にもそのことが顕著に表れていると思います。

さて、連載当時からその文章の全体を貫くコンセプトはいくつかありましたが、それを、あらかじめ読者に示さない形で進めました。一般的な個人史なら著者の幼いころから老いるまでの成育歴のストーリーが時間軸に沿って流れますが、それが私の場合は全くそのようなことがなく、時代と場所を自由に往還するスタイルを貫きました。

強いて言えば「テーマ別」に述べたエッセーなのです。

現在、奄美群島が世界自然遺産として登録されたことにより名実共にこの島の名声は国際的な評価を得ていますが、いわゆるＺ世代を含めた次世代に語り継ぐべきことが存在しているような心中の強い想いがあったことで本書の上梓を決意したと言っても過言ではありません。

それらは、離島差別であったり離島苦であったりとテーマごとにアットランダムに執筆したつもりでいます。これから日本や国際的な場で活躍するであろう奄美出身者ばかりでなく、すべての若い方々が、この島から何を発信すべきかを本書の文章の行間から探っていただければこれ以上の幸せはありません。是非とも情報過多の現代社会にあっても「物事の真贋を見分けることのできる正しい目利き」のできるようになることを希望しています。

「学び」はそのような「目利き」を持つことであり、決して獲得した知識によって「差別者」になることではないのですから。

目次

第3章

第4章

第5章

第1章

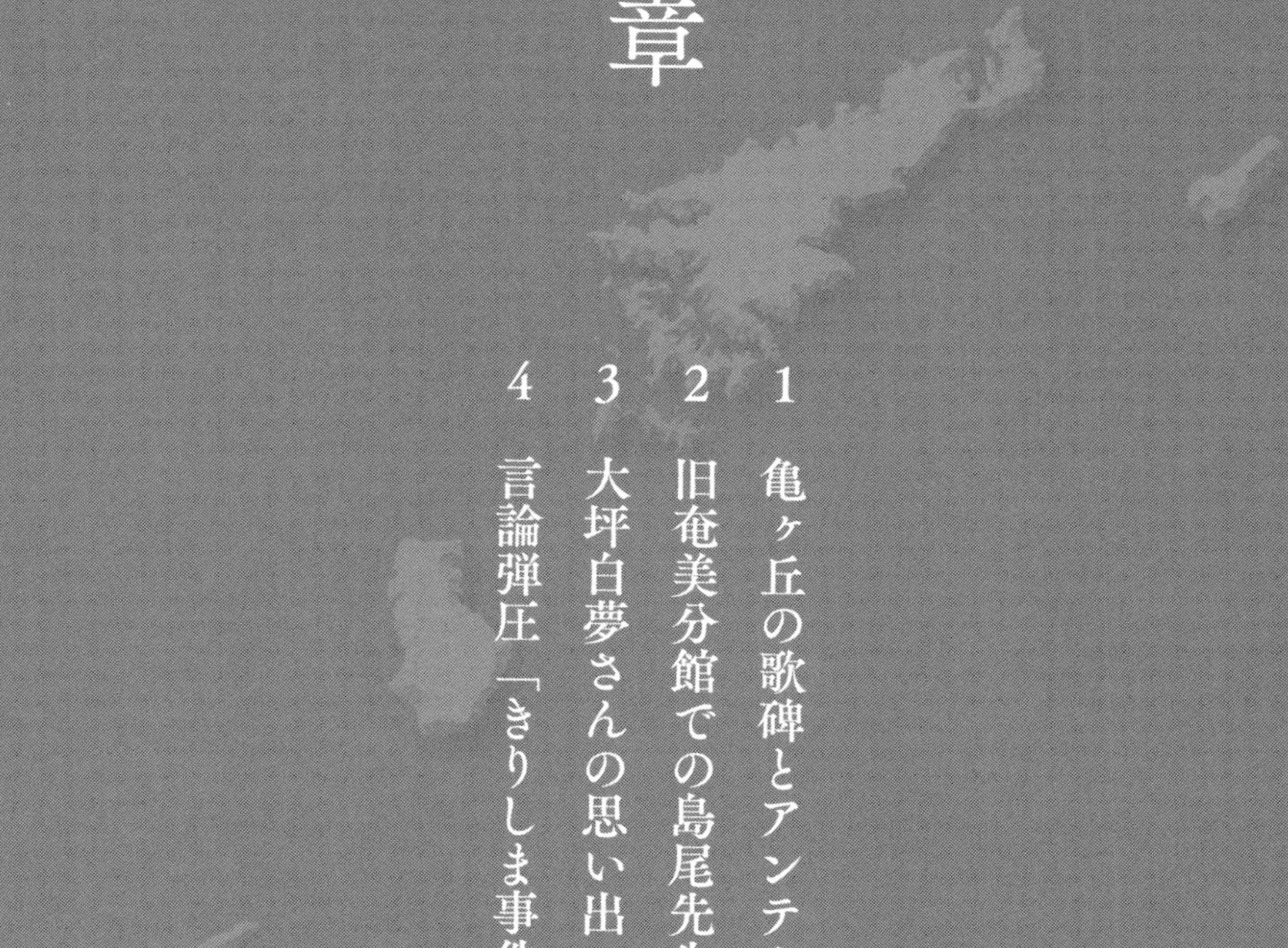

1　亀ヶ丘の歌碑とアンテナ

2　旧奄美分館での島尾先生

3　大坪白夢さんの思い出

4　言論弾圧「きりしま事件」

日本を取り囲む国際情勢は、その対立軸が終戦後の社会主義陣営対自由主義陣営の構図から、現今の強権主義国と民主主義国の対立というように変化しています。

隣国である中国の人権問題は世界中の批判を浴びていますが、それは、二つの面に表れていると思います。一つがチベットでの少数民族弾圧であり、もう一つが中国国内と香港での言論弾圧です。

この二つが、実はほかでもないこの日本国内でもかつて存在していました。

明治から日本国内の統一国家形成の過程で唱えられた「国内劣等少数民族排他論」と、自由に言論ができなかった文化人取り締まりの戦時中の歴史なのです。

奄美出身者に対する差別に繋がる「国内劣等少数民族排他論」は本書では取り扱いませんが、ここでは、戦時中に全国で繰り広げられた文化人・知識人・俳人などに対する検閲・発禁・掲載制限の言論弾圧。中でも有名となった鹿児島での事例を扱います。

そして、私が多感な青年前期に邂逅した人物こそ、この弾圧の被害者の一人である大坪白夢（實夫）さんでした。

それは、「きりしま事件」という言論弾圧で、俳句の歴史では特筆される事例でした。これを取り調べた側の調書も戦後に公開され、この事件の資料集も出版されているところです。

この事件を資料から見てみると、それは、まるで現在の中国の言論弾圧を髣髴《ほうふつ》とさせられるような内容になっています。

その、特高の調書の中には大坪白夢さんの少年時代の様子を次のように記しています。

「幼少より厳格なる家庭の下に順境に成長ありたれども性格的には強情なる反面一個のみの幸福を

好まず、小学校時代貧農の子弟が冬季に羽織を着用せず洗足にて登校する痛ましき姿を見て、自己もこれと同一の行動を取るなど過度に人道主義、英雄主義的思念を抱懐し居りたり。」

と、取り調べ官をして言わしめる記述となっています。

調書に記載される大坪さんは明治39年生まれですから、私が大浦中学校3年のときにお会いしたときには、54歳ということになります。

この事件の様子は本文に書きましたが、私たちの家族のもとに来訪される大坪さんは、父母にではなく中学生の私に意識的に会いに来られていたように思われます。

そして、「溶岩に苔古《ふ》り椿赤く咲く」という呪文のような短い言葉をことあるごとに繰り返し私に述べて、私の脳裏にインプットされてしまいました。

その意味が判明したのは、ずいぶん後に「きりしま事件」の歴史を知ってからのことなのです。

私が生まれたころは、近代日本が始まった明治期の末年から、たかだか三十数年しかたっていませんでしたので、明治生まれで明治を背負った壮健な方々がまだ私の周りにはたくさんおられました。

そのお一人が大坪白夢さんなのです。白夢さんの「ユートピア」のイデアは私にとっては、将来の日本国民に伝えるべきメッセージとして受け止めるところです。

また、高校生のときに入会した奄美郷土研究会は、故郷で図書館長をされていた島尾敏雄先生による紹介でのことです。もちろん、私小説の第一人者の島尾先生ですので、この強烈な個性を有する文学者のお二人に図らずも、多感な青年前期にあった私は邂逅したことになったのです。

そして、お二人とも、戦時中の体験がそれぞれの人生に色濃く反映されていたと思うのです。

1

亀ヶ丘の歌碑とアンテナ

南海日日新聞掲載紙面。２００８年（平成20年）９月４日

鹿児島県南さつま市には亀ヶ丘という山があって、その頂上には、本を広げたような斬新なデザインの歌碑がある。私どもが住んでいたころは、川辺郡大浦町で、私ども家族の住む派出所からも、間近に眺めることの可能な、いわば奄美や沖縄で言うところの「クサテ」（古い方言で「腰当」と書き、集落の背後を取り囲む山を意味する）であった。

歌碑の銘文には

紺青の海原の岬から
濃塩のしぶきを吹き上げ
雨雲を透かして
そのひとの吐息の噎《むせ》び
せまる
杳《はる》かなる思春の昼

太古より妖精の奏でる

旋律の美しき流れに乗り
霧の深い谷間の襞に
わく露に濡れ
ひそと咲く蘚苔《せんたい》の群落
そしてやがて
白い蘭花の季節

大坪白夢

と、刻まれている。

この碑文は現大浦中学校校長・本坊重雄氏に写していただいたものだ。

実は、私もこの大浦中学校の13回生で、卒業学年の担任であられる大迫達郎先生とは、現在でもメールで連絡をとり合い、ご指導を受けている。

この歌碑のすぐ横に、巨大アンテナの建設が始まり、私ども家族の住んでいた大浦派出所の前をこれも、巨大トレーラーに積んだ資材が大量に幾度も搬送され、南薩摩の片田舎がにわかに騒然となって、住民も関心を持ってその工事を眺め始めた。昭和35年のことである。

この地域は、このとき既に、「大浦干拓事業」が始まっていて、西松建設が工事をしていたが、このような「土木工事」とは、また一味違う「科学的」なにおいを運んでくるア

「亀ヶ丘」の頂上に中之島を中継地として建つ「バックネット型アンテナ(当時の観光絵葉書より)」

ンテナ工事であった。

形はバックネット型で、中之島を経由して奄美大島へのテレビ電波を送る巨大アンテナであった。この工事車と、私は加世田高校への通学の途中で幾度となく出合った。

ある日、一人で亀ヶ丘に登り、この建設途中のバックネット型巨大アンテナを見上げながら、その向いている方向に、我が故郷奄美があることにあらためて気付き、言い知れぬ興奮に襲われた。

こうして、私は、そのころ、郵便購読していた「南海日日新聞」でお名前を拝見していた、鹿児島県立図書館奄美分館長の島尾敏雄先生に、感情にまかせて書いた高校生のつたなく幼稚な長文のお手紙を差し上げたのであった。

加世田高校2年生の夏休みのことである。それから2ヵ月ほどした秋のある日、自転車通学していた加世田高校から帰宅すると、大きい郵便小包が届いていた。

それは、島尾先生からのもので、中にはそのころできて間もない「奄美郷土研究会」の資料がガリ版刷りのものがほとんどではあったが、ぎっしり入っていて、「あなたも入会しなさい」というお手紙が添えてあった。

2

旧奄美分館での島尾先生

南海日日新聞掲載紙面。２００８年（平成20年）10月2日

私の奄美郷土研究会への入会は、このようないきさつで、弱冠16歳の若さでのこととなる。私が、このときに島尾先生へ送った「手紙」が、もし今、残っていたとしたら、それこそ汗顔の至りというところだが、このような「暴挙？」に駆り立てたものは、その当時の「島差別」にその原点があった。

分離中、琉球警察・名瀬署の、警察官養成所（警察学校）の教官をしていた父は、復帰直前には「喜界警察署」の「署長代理」をしていて、復帰後に編成替えとなった鹿児島県警最初の人事異動で、加世田署へ転勤となった。

私が小学校5年のときに、家族も1年遅れで加世田へ引っ越したが、当時の鹿児島での奄美への差別は相当なものがあった。

私の「半生」は、これとの「闘争」でもあったと、今は考えている。

それは、多くが、実態を知らないことによる、「無認識」からくるものであることに、高校生になるころには気付くようになっていた。

奄美の実態を、自分がしっかりと「学び」、それを、「無認識」な私の周りの友人に分からせてやりたい、これが、「奄美郷土研究会」への入会の動機であるし、島尾先生へのいわば「差

別の実態の訴状」のつもりでしたためたのが「島尾先生へのお手紙」であった。

ラサール中学校から高校へ進学した弟が「病い」を得て入院するなどの事情が発生し、大学進学をそのときには諦めた私が、大和村の父方の祖母のところへ帰っていたことがあり、このころよく旧図書館に島尾先生を訪ねていた。

初めてお会いしたときに感じたのは、島尾先生のお顔のことだったが、「シマッチュ」そのものの「彫りの深さ」で、「内地」の人とは思えなかった。

「名瀬だより」などにこめられた、「奄美への愛情とシマッチュへの応援歌」としての文章は、その後もよく愛読して繰り返し読んで、勇気をいただいたものである。

例の私の「手紙」の中の「無認識」のことにはよく話が及んだのだが、一緒に送った亀ヶ丘の歌碑の作者「大坪白夢さんの歌集」のことには、あまり関心を示されなかった。

というより、大坪白夢さんのことは、意図的に避けていたように思える。

ところで、私が「シマグチ」（奄美の方言）を、最初に教わったのは、実は島尾先生からで、「ハルチ」と言う言葉だった。

ある日、いつもの通りいわゆる「アポなし」で突然館長室を訪ね、先生と四方山のとりとめもないことを話していると、急に席を立たれて私の側に来られて、「福島君は大和村の津名久だよね、私の妻も大和浜だよ。私たちはハルチだね」とおっしゃったのだ。

きょとんとしていると、「ハルチとは奄美の方言。ハルジとも言うが、漢字で書けば腹・内、腹の内で、親戚・親類のこと」と解説してくださった。

その後も、何度かお会いするたびに「君とはハルチ」と言われた。現在、90歳を超える

左は、玄関右側の看板に「鹿児島県立図書館奄美分館」とあった「奄美日米文化会館」。右下は「ピートリー福岡総領事(前列中央)」一行と旧図書館職員。前列左から2番目が島尾敏雄館長。いずれも、昭和35年夏。

私の父母も同じことを言うものだから、島尾先生からの「宿題」として、息子の島尾伸三さんと連絡を取り合いながら、どのような「ハルチ」なのかを調べ始めているところである。

　そのときに入会した奄美郷土研究会の方は、年1回出される「会報」の最後のページに、会員名簿があるのだが、入退会の多い会で、入会当初は「しんがり」にいた私が、数年もすると、ベストテンにも入るかという位置に記載されるようになって、何の研究も実績もないことに恥じて退会してしまう。ところが、今年久しぶりの再入会を決意し申し出た。これも、島尾先生の遺産「奄美郷土研究会」でもあり、あの「手紙」を原点として、「無認識」に対する「啓蒙」のためには、自己研鑽に努めることで、島尾先生の遺志に「私なり」にお応えしたいと思ったからであった。

島尾先生ご本人が、静かな空気を好んでいたことは、あの名瀬の「おがみやま」のオリエンタル放送の声にさえ、いらだちを表し、嫌悪されていらしたことからも分かる。

島尾敏雄先生の「御霊」が、「癒しの島奄美」で、静かにそして安らかに眠られますようお祈りする。

奄美の精神世界

神々の音律

一村マンダラ

写真提供者：稲光政氏
加計呂麻島で民宿「INAハウス」を経営するカメラマン。

3

大坪白夢さんの思い出

南海日日新聞掲載紙面。２００８年（平成20年）11月6日

巨大バックネット型アンテナが亀ヶ丘に建設される前であったが、私はこの歌碑を建てられた大坪白夢さんに連れられて、見に行ったことがある。デザインは当時の県副知事の息子さんだと伺った。大坪さんは、私が大浦に行ってしばらくしてから、頻繁に私ども家族の住んでいた大浦派出所にいらしていた。おおかたは、昼でもお酒を召され自転車で来られた。

お子さんがいなかったので、私を「養子にもらいたい」とか、「福岡の大学に出してあげる」とおっしゃっていたが、その真意は今でも私には測りかねているところである。あるとき、「ユートピアが自分の家にあるから見に来い」との、母への伝言で訪ねて行ったことがある。私は加世田高校への通学用の自転車で、木立に囲まれた大坪さんのお宅の屋敷の門をくぐり、書斎(土蔵の2階部屋)にいらっしゃる大坪さんに来訪を告げた。いぶかしがる私に「そこにユートピアがある」とおっしゃる。振り返ってみる庭は、どこにでもある田舎の農家屋敷の庭があるだけだ。じっと立っていると、「ここだ」と、私を母屋の後ろへ誘った。それを見て、奥様がおかしそうに笑っていらした。母屋の背後の山は、急に段上がりとなっていて、屋敷との境に灌木が植えられており、灌木の中に、おとな一人が通り抜けられるほどの、小さい抜け道があった。距離にしてせいぜい3メートルぐらいの茂みを抜けると裏の畑に出た。

眼下に母屋の屋根がある。「どこがユートピアか」と、あたりを見回していると、「ユートピアだ！」と大声を出された。指さす方には、母屋の屋根の向こうに広がる何の変哲もない、集落の空間が広がっているだけだった。

また、ある夜、私どもの派出所にいらしていたが、「今から自分の家に行こう。あげたい本がある」とのこと。自転車を出そうとすると、「帰りは自分の自転車を貸すから後ろに乗れ」と言う。なんと、大浦派出所の部長の息子が「二人乗りの違反」を犯すことになったのだ。このとき、父はいなかったことにしておく。

途中にかなり急な下り坂があって、ここは、下り口がＴ字になっていて、昼でも注意が必要だが、その晩、大坪さんは、かなり酔っていて、自転車の後ろの荷台に乗せた私におかまいなく、坂を猛スピードで下りた。一瞬、お尻の下の荷台の圧迫感がなくなり、握っていたサドルが両手から抜け落ち、暗闇の空間へと遊飛した。

私の顔が、柔らかい田んぼの泥にたたきつけられるのと、後ろの方で「ゲッ」という得体の知れない声がしたのが同時だった。二人ともけがはなかったのだが、「ああ、何と、この人は私にいろんな経験をさせるのだろう」と、思ったものだ。

でも、それで、おしまいではなかった。高校1年の夏休み。大坪さんは「次の宿題」を課してきた。

①鹿児島市の自分の友人に手紙を持って行くこと。
②1日で往復すること。
③下駄履きで、自転車で行くことー。

いったい、何でこんなことをしなければいけないのか。答えは「一生の思い出になる」と繰り返すだけ。さあ、当日の朝、天気も申し分ない。かねてから加世田までは自転車通学で通っていたから、未舗装の山道でも何ともない。川辺峠は、幾度か乗ったバス道だったし車中から覚えていたが、谷山へ抜けるまでは、当時はまだ峻険な道のりと言ってよかった。何しろ、下駄履きに自転車である。とにかく、若さで乗り切った。下駄履きというのがちょっと癪に障ったが、こうなると意地でも条件通りやろうと思い始めていた。

言論弾圧「きりしま事件」で逮捕され、公開された特高調書に詳細が記録されている大坪白夢氏。右下は、バックネット型アンテナを見下ろす亀ヶ丘頂上に建つ白夢氏の歌碑。

鹿児島県立図書館本館前に、ちょうどお昼時に着いた。手紙を渡す相手は館長さんだったが、あいにく不在で、受付の方に渡した。その後、玄関横の地下にあった食堂で、安い「素うどん」を食べて、帰路に就いた。

大浦の手前の「越路」に着いたのは、もう漆黒の闇に覆われた時分で、坂を下りきった集落の入り口で、家族が、家並みの明かりに影を並べて迎えに来ていて、そこからは、下駄で自転車を押して一緒に帰った。不思議に疲労感はさほどなかった、記憶がある。そのときに、手紙を渡すべくして渡せなかった、県立図書館の館長さんの名前は、「久保田彦穂」であった。その方が、かの有名な「椋鳩十」であったのは、ずいぶん後に知ることとなった。

4

言論弾圧「きりしま事件」

南海日日新聞掲載紙面。２００８年（平成20年）12月４日

大坪白夢さんの作品に、「溶岩に苔古り椿赤く咲く」という俳句があります。

この句だけは、幾度も、白夢さんが繰り返し教えてくれましたので、よく覚えていました。例えば亀ヶ丘に初めて連れて行ってもらったときも、自転車の後ろに私を乗せていたときも、まるで呪文のように、白夢さんは、この句をつぶやくのでした。

ところで、皆さんはこれが戦時中の言論弾圧事件と関連のある「句」だったという事実を、信用できますか？

私だって最近それに気付いたのですから。「溶岩に苔古り椿赤く咲く」

ここに、一つの「国会記録」があります。

１９８０年（昭和55年）９月26日の参議院決算委員会での、安武洋子議員の質疑への答弁です。

「一つ一つの歌で判断することは困難だと思うんですけれども、当時は治安維持法という法律がございましたので治安維持法に触れるか触れないか、もし触れると致しますならば、それはその当時としては意見にならざるを得なかったのだろうと、触れないものであるにもかかわらず、事件にするということはこれは穏当ではない、こう思っているわけでござ

います。」

答弁したのは、時の法務大臣・奥野誠亮であり、白夢さんを戦時中特高課長として、直接、机の向こうで対峙して取り調べた紛れもない本人であったのです。

1943年（昭和18年）6月3日早朝、加世田署の数名の巡査が白夢さんを連行するために大浦の自宅へ踏み入りました。

奥野誠亮特高課長の取り調べは、ある「句」をめぐってなされました。

その「句」が「溶岩に苔古り椿赤く咲く」だったのです。

これを「『赤く咲く』がお前の思想性を表している。お前は、アカだろう！」と、奥野誠亮特高課長は白夢さんを追及しました。

冒頭の「国会記録」は、安武洋子議員の「ツバキが赤く咲くのはけしからぬということで、あなたが発言なさった」ことへの、質疑に対する法務大臣・奥野誠亮の答弁だったのです。

無季俳句・生活俳句を標榜した九州の新興俳句同人「きりしま」は、戦時体制に迎合した、中央の、描写偏向の高浜虚子主宰「ホトトギス」からも警戒されつつ、地方都市では異常と言える出版部数の伸びを示していました。

「きりしま」事件で連行されたのは、白夢さんのほかに、瀬戸口武則、面高散生がいました。

彼らは、「鹿児島日報社」（現南日本新聞社）にいて、同人誌「きりしま」をいわば主宰していたのです。

白夢さんは、「椿の花の色」問答で、まっとうに答える気をなくして、黙秘を貫き、ついに、不起訴を勝ち取りました。

3人の中の瀬戸口武則は「綴り方教育」を追及されました。そして、送検されましたが不起訴となっています。

面高散生は、同人誌「きりしま」の編集長をしていて、白夢さんと同時刻の、6月3日の午前5時に、不自由な右足を引きずりながら、編み笠に腰紐をされて連行されました。

面高は、1943（昭和18）年12月30日に起訴、翌月、懲役2年、執行猶予4年の有罪判決。昭和19年2月に釈放となっています。

戦後になって、「警察日記」という、人情ものの「警察映画」などが持てはやされる「民主警察」としての時流の中で、白夢さんも、きっと、そのような「目」で、私たち警察官の家族を眺めていたのでしょう。

私が遊びに行った白夢さんの自宅は、あの事件の連行当日に、「實夫（白夢さんの本名）、おまんさあは、ないも悪りいこちゃせんにゃたどが」と悲痛な声で年老いた母親が、白夢さんの洋服にとりすがった、まさにその現場であったのです。

そして、「ここがユートピアだ！」と大声を張り上げて示した、何の変哲もない集落の「空間」は、もしかして、戦時中ではない平和時の「時間」をメタファーとして、白夢さんは、私に「演出」して見せたのではなかったのかと思えるのです。

（事件の詳細については溝添雅夫さんの「小説・『きりしま』事件」を参考にしました）

きりしま事件 覚書

<上>

特高が綿密な記録

先ごろ角川書店の「俳句」編集部より「俳句」の昭和五十三年二月号と三月号を送ってもらった。その際の手紙に「川名大氏の"俳句弾圧事件の外貌"(下)の中で、きりしま弾圧事件の模様が記されております。そこで、もし知られざる事実や当時の回想などで玉稿をご執筆いただければありがたく存じます。昭和俳句史の記録として貴重なものになるのではないかと考えます。……」とあった。

この「きりしま」事件というのは昭和十八年、発行所のある鹿児島市を中心に、県内にわたって多数の犠牲者を出した新興俳句弾圧事件のことである。

特高警察による俳句弾圧事件は、その血祭りに昭和十五年二月、京大俳句の平畑静塔、波止影夫など六人の検挙にはじまり、石橋辰之助、西東三鬼と続き、翌十六年二月には東京において「土上」「広場」「俳句生活」「生活派」などが弾圧された。

日野草城の「旗艦」は、草城が保身にたけた変わり身の早さをうんぬんされながら、完全に手を切り、去っていった。

もう一つの有力な新興俳誌「天の川」も、この厳しい状況下におかれて、主宰吉岡禅寺洞は「天の川」十五年十月号で「〈天の川〉は今後〈新興俳句〉の名称を放棄します」と一種の転向宣言をしなければならなかった。

さらに「天の川」の吉岡禅寺洞と親しくしていた山崎青鐘らの「山脈」(山口県宇部市)も十六年十一月二十日、中心分子十人が検挙されるに至った。

鹿児島でも、俳誌「傘火」が活躍していたころから「天の川」との交流があり、新興俳句のホープ篠原鳳作、浜田海光らが輩出した。たしか面高散生もこの「傘火」の同人であった。

「傘火」は廃刊に
の同人たちもまた「
活躍することになっ
昭和十六年三月発
ま」第七集によると、
に
☆一月二十六日「
吉岡禅寺洞氏並びに
東作、吉岡禅子、福
句大会」を開催。来
しま」の同人をはじめ県下の同好者六十余名、まれにみる盛会であった。

と記されている。

「きりしま」は季刊であったが、正確に年四回の発行を守っていた。

川名大の「俳句弾圧事件の外
版)によると「きりしま」に対する内偵は体制側、つまり特高によって、発行後半年を経ず綿密に行われていたことがわかる。そのなかの「運動日誌」欄には次のように報告されている。

15・8・24 雑誌「きりしま」同人は、鹿児島駅前森永キャンデ
集を発刊せるが、本日之が合評会

15・12・14 同人雑誌「きりしま」同人は鹿児島市天文館明治製菓三階に於て同誌十二月号の合評会を開催せり。

17・9・5 在鹿児島市同人雑誌「きりしま」社にあっては九月一日創刊三周年記念特集号第十三

「きりしま」創刊号

大坪白夢氏が南日本新聞に連載したきりしま事件の記事(1974年9月5日)。「きりしま」社の座談会(昭和17年11月8日)には鹿児島県出身の二階堂進を招へいして「アメリカを語る」を開催したとある。右下は出版された「きりしま事件資料集」(1996年6月15日刊)

奄美の精神世界

今里立神

ヒラセマンカイ

写真提供者：稲光政氏

第2章

この章には、私が大浦中学校で体験した「いもこじ学習」が含まれています。この特異な教育の体験者として、私が長年勤めた中学校教師を通じて感じているのを記述してはどうかと編集部から提案がありました。

私の同級生は、当時「金の卵」と呼ばれていた集団就職生として都会の仕事場に赴く友人が多くいました。この、「いもこじ学習」の成果はいわゆる世間でいうところの立身出世に直結したものではありません。

では、この学校が鹿児島大学教育学部の研究指定校として取り組んだのは全く徒労に帰したのかというと、それには私は少し違和感を抱くのです。この学校の燃えるような使命感溢れた恩師をはじめとした教師集団の取り組みを思い出すと、決してそれが無駄ではなかったという事例を私個人は教員現職時代にその現場で体験していました。

私が教職に就いて8年目の5月のある日のことです。同僚の先輩教師が5時間目の授業をしていた私を教室に慌ただしく呼びに来ました。教室から外に出て理由を尋ねると、大島教育事務局長から電話があり、昨年度の卒業学年担任に尋ねたいことがあるとのことだから、すぐ職員室に来るようにとのことです。私は言下にそれを断りました。

その理由はこうです。当時の私の勤めていた阿室中学校は、奄美大島の宇検村にある小中併設の僻地小規模校でしたが、世間の衆目を集める「反公害運動」の渦中にあったのです。阿室地区の正面には枝手久島という離れ島があり、ここに本土の石油企業が石油の備蓄基地建設計画を発表し、宇検村内が賛成反対両派に分かれて対立して、その両派の決起集会の埋め立て地であわや激突かと思われた際には、鹿児島県警察機動隊がその集会の現場に出動したりして、非常に緊迫した状況を呈していました。そのため、宇検村への教職員の転勤希望者が皆無の事態にありました。そして、この緊迫した宇検村への転勤希望者は私一人という形で、私は反対運動の中心であった阿室の学校に転入したのです。すぐに待ち受けたように、私は反対運動の労組の中でも中核的活動をしていた、鹿児島県教職員組合奄美支部の宇検地区協議会の議長に推されてその任についていました。そのようなわけで、大島教育事務局はいわば組合側からすれば相対する行政側の立場にありました。

当時、全員加入の組合でしたから流れとしてそうなっただけなのですが、前年の卒業学年担任として私は普通とは変わった授業をしていましたから、カリキュラムの自主編成などを掲げていた組合にクレームをつけられても仕方なかったのです。

ところが大島教育事務局長からの電話内容は全く違ったものでした。

後で、校長から聞いた話ではこうです。

「昨年度の高校受験生の中学校別平均点で鹿児島県内でのトップは阿室中学校だが、どのような指導をしていたかを知りたい。」とのことだったのです。

その教育事務局長さんは奄美管内の各所の教育講演会でこのことに触れて「高校受験予備校も学習塾も家庭教師などの体制の整っていない僻地の小規模校でも県下一の成績をあげることができる。」と、阿室中学校の事例を引き合いに出して学校関係者やＰＴＡの意識高揚や自信喚起をなされていることを第三者から聞くものでした。

その後、友人からこの件について話が及ぶと私は意識的に話題をそらして避けておりました。

しかし、今回の「いもこじ学習の成果」を記述するにあたって、初めて公に述べることにしたのです。それは、きちんとした教育理念と世界的な教育理論に基づき鹿児島大学教育学部教育推進校として教師全員で取り組まれた大浦中学校の「いもこじ学習」を実践された恩師たちの教育方法の一部を取り入れた授業の成果なのです。

「門前の小僧習わぬ経を詠み」そのものなのです。

私は恩師の一人一人の高い理想の一端を、その実践された授業方法のごく一部を真似たに過ぎません。鬼籍に入られた恩師の教育方法は決して間違っていなかったと「いもこじ学習」の成果の一例として報告するために、手前みそとか、おこがましいとかの私の個人的な思念を超えて公表に踏み切りました。

いくつかある「いもこじ学習」の特異な教授技術のなかでも私の導入したもののひとつとして具体的には市販されている学習プリントの有効活用があります。普通、「解説・問題・解答」と3枚綴りになっていますので、まず、問題のページを配り宿題で答えを各自書いて提出させ、教師が○をつけて返します。ここが肝心ですが、間違った答えを書いたところには決してバツ印はつけません。間違ったところがその生徒のクリアしなければならない最重要箇所ですから、次に配る解説ページを読んで答えさせます。次の日に提出した書き直した問題用紙でさらに間違っていたら、友人の正解した答えを教えてもらってもいいから合格して全問○がもらえるまで書き直させます。最後の最後に解答ページを渡します。

ですから、大浦中学校の職員室は、普通の学校の職員室とは異なり、毎日毎日、生徒でいっぱいでした。休憩時間には、問題用紙を持った生徒が教科担任の先生の机に群がる光景が連日、繰り広げられました。

私の場合は生徒数も少ないので自分一人で主要五教科を昼休みや休憩時間に見てあげていましたが、行政側はじめ、労働時間を短縮することを目標とする組合や周りからはきっと変わったことをする教師だと思われていたに違いありません。

「いもこじ学習」で培った「問題解決能力」を身に着けた大浦中学校の卒業生は、それぞれの立場において、ほかの学校では得られない人生を送ったはずなのです。

大浦中学校の教師群像の試みは、永遠に消えることのない貴重な教育実践だったと私には断言できます。

最近、よく聞く歌謡曲に坂上二郎の「学校の先生」があります。私の35年の中学校教師時代の教え子たちにも、それぞれの個性があって、早くから体格がよい子もいれば卒業してからあとに成長する子もいます。学力もしかりで中学生時代には優秀な成績だった子が必ずしも大人になって社会人として成功しているわけではありません。中学生時代はむしろ成績が一番悪かった子が、そのあとに芽を出す遅咲きの子もいたりするのです。私の「大浦中学校13回生」の仲間にも、さまざまな複合型理由で高校に進学できずに、当時、「金の卵」と呼ばれていた集団就職生として大都市の工場に向かう友人が数多くいました。そして、私の教師生活のなかでも同和教育の実践で知り合ったなかには、「夜間中学」で教えている方もいました。国の義務教育の範疇にない制度ですけど、彼らは、中学校の校舎を借りて、さまざまな理由で義務教育を受けることの出来なかったかたがたを対象にした「識字教育」を年齢に垣根を設けずに活動していたのです。「学び」の本源的な意味を私は、この夜間中学校の存在で知ることになったのです。そのなかでも特に私が意識変革を迫られた報告があります。土曜日の午後の空き教室での授業で、漢字の「赤」と「夕日」を書き覚えた初老の男性通級生がいつもの帰宅時に乗った電車で窓の外のいつもの景色を眺めていて、初めて「赤い夕日」の意味を理解して感動したと、次の日に教師に興奮気味に告げたと言うのです。私はこの報告を聞いたときには目頭が熱くなり不覚にも嗚咽を漏らしていたのでした。現代思想の構造主義はレヴィ・ストロースにより確立されたのは広く知られていますけど、彼に影響を与えたのはソシュールです。この事例はソシュールの言語学にある「シニフィアン」と「シニフィエ」の一致なのです。シニフィアンの「意味するもの」である「赤い」と「夕日」という、ラカンのいうところの書きことばである「エクリチュール」としての文字が、窓外に広がる景色である現実のシニフィエである「意味されるもの」としての「赤い夕日」の実態が初老の男性通級生本人の体内で結びついたドラマチックな融合なのです。夜間中学校の教師群像は、このような崇高な「魂のゆさぶり」の実践を人知れずなしていたのです。国の義務教育制度の、こちら側で私どもが日常的にしたり顔で知識の詰め込み教育に明け暮れているというおのれをこれ程までに恥じたことはありませんでした。

「学び」の意欲を持っている私の友人や教え子のなかには、就職先の企業内高校をはじめ、定時制高校、通信制高校などの上級学校や大学に入り知識や技能を身につけて社会で立派に生活している者もいます。「学び」には、貴賤はありません。ましてや年齢も関係ありません。人間の学んでいる姿ほど美しいものはありません。

現今の科学的進展によるＩＴ（情報技術）環境の急速な変容に対して、国による「レカレント（学び直し）教育」の呼び掛けもあり、更には、より実用性を帯びた「リスキリング教育」が叫ばれるようになって、国民の「底上げ」を目指した「学び」の機会が広がりました。また、人間の知能を凌駕するＡＩ（人工知能）の登場によって「学習歴」が重視され始めているのです。つまり、昔取った杵柄が古ければレカレント教育で学び直し、現実社会で活用できるようにリスキリングしてスキルアップするという、「学歴」から「学習歴」への社会的な大変革です。リスキリングはすでに、理系の世界では、公的認証制度が「デジタルバッチ」として始まり、就職の際にも履歴書に書いて、ネットで採用する側がすぐに検索してデジタルバッチを確認しながら、面接中の本人を即戦力になり得るかどうかの判定基準としているのです。テレビドラマの「水戸黄門」のテーマソングの歌詞にあるごとく、〝あとから来た者に追い付かれる〟まさに、親や家庭環境に恵まれて上級学校に通うことができたことによって取得した「最終学歴」に胡座をかいて安穏としていると、スキルの高い社会貢献度の確実な者に蹴飛ばされると言う資本主義の実力社会の到来を迎えつつあるのです。世はまさに、「学歴社会」から「学習歴社会」として機能しています。

　ましてや、「いもこじ学習」を生徒として体験した私にとっては、その恩師たちの取り組みが、新しい時代にふさわしい教育を冒険的に実践されていたのを目の当たりにしていましたので、現状の国の義務教育を何も疑うこともなく、教育現場で知育教育に邁進することをもって初等教育だと思い込み新たな試みに臆病になるのは、なんとも心許ないことだと思えるのです。これからのＤＸ（デジタルトランスフォーメーション）の急速な進歩のなかで「詰め込み教育の知識」はＡＩ（人工知能）のレベルに早晩追い付けなくなり、やがては意味を持たなくなるのは火を見るより明らかなのです。知りたい知識は、スマホですぐに検索可能ですし、これからの学校教育はむしろ「人間がＡＩを使いこなすための意識教育」（ＩＴリテラシー教育）に変容させねばならないと思うのです。知識を使いこなすと言う哲学的な考えは、パスカルの「知恵は知識に勝る」に遡らずとも、我が国の陽明学者の安岡正篤の「活学」の考え方にも見られます。バラバラな知識を体系化して、それらを有機的に結び付けていき、それを現実社会に活用することが知恵なのですから、知識獲得をもって教育の目標とする思考はもはや時代遅れになっています。

　そして、子供たちの成長にはそれぞれ個性があり、学校教育期間だけで判定することは不可能なことです。カントが言うところの「アポステリオリ」は学校教育などによって伸びる後天的なものですが世界的に見ても知能指数やそしてまた、数学的な才能や芸術的な天才的感性と才能の「アプリオリ」と呼ばれる生まれついての先天的特殊能力を有する子供たちが現存しているのです。しかし、彼らの多くは自閉症などの症状を有している場合があり、集団教育のなかでは生き辛さを抱えている場合も見られるのです。これからの日本の教育においても、学校現場での画一的指導から脱して「個性に応じた」多様性重視の教育にシフトすべきなのです。

　また、チャットＧＰＴなどの生成ＡＩのツールが人間に及ぼすパーソナル障害などの学習者の心の病に対応するマズロー心理学の理論は下巻に述べたいと思います。

5

いもこじ学習

南海日日新聞掲載紙面。２００９年（平成21年）１月８日

「突然、周りの人の動きが一瞬凍結してしまう」という場面に遭遇したのです。

昭和34年3月。父が加世田警察署の署内移動で大浦派出所に転勤となりました。

2つ年下の弟が、加世田小学校6年のときで、名瀬から引っ越して4年がたっていました。いまだ島差別の意識が色濃く残る中、弟は加世田小の「児童会会長」をしていましたが、そのときの担任であった「相徳良章先生」に相談して、友人4人にも弟が呼び掛けて、一緒にラサール中学校を受験することになりました。

その結果、5人とも見事にそろって合格したものですから、当時の松山市長などによる、彼らへの盛大な激励会が、その春に催されました。

「南薩の雄」とも呼ばれる「文化都市・加世田」は、「いろは歌」で有名な「島津日新公」を祭る竹田神社があり、殊に「教育」には熱心でしたから、「島出身の子弟」である弟をはじめ、彼らの快挙は、当時、少なからぬ話題となったものです。

この弟をラサール学園のある谷山に送り、4月には、残りの家族全員が「大浦派出所」に転居しました。

当時の川辺郡大浦町は、農林省直轄の大型干拓事業に着手していて、国内大手の西松建設

が工事を請負い、建設車両の走り回るという「戦後の復興期」の先駆けとなるような、活気に満ち溢れる管内でした。

私は、加世田中学校から、大浦町立大浦中学校3年への転入となります。

その転入の日に「突然周りの人の動きが一瞬凍結してしまう」場面に遭遇したのです。

左右の柱に看板の掛かった校門を入ると、ちょうど、休み時間で、校庭は遊び回る男女の生徒でいっぱいでした。

その群れを縫って制服姿の父と校庭の中ほどに来たときでした。

私の右側でボールを受け取った長身の男子生徒が、送球モーションに移り、右腕投手のように大きく振りかぶって、球が指から離れる直前に、そのままの格好で動かなくなり、「凍結」してしまったのです。

気が付くと、校庭中で遊んでいた生徒全員が「凍結」しています。

さらに、よく見るとほとんどの生徒が目をつむっています。父は無頓着で、気にした様子はありませんが、私はなんだか「動く」のが悪いような「気分」で、父の後について、職員室のある管理校舎に向かいました。

そのとき、鐘が連打されて、林立する「凍結人間」が解凍され喚声を上げて、それぞれの教室に走り込んで行ったのです。

この「凍結人間」の意味は、次の休み時間には判明したのですが、「四点鐘」の決まりだったのです。

あの送球モーションのストップした格好は、私と制服を着た父への冗談だったとは、後にその友人に直接聞いたものです。

「四点鐘」というのは、始業前などに4つの鐘が鳴ると、その場で静かに黙想して、学習や学校生活を振り返るというもので、「自主性」「科学性」「協力性」「永続性」の4つを意味していたようです。

また、この大浦中学校が普通の学校でないことは、「授業」によっても分かりました。

まず、机は正面の黒板に対して「コの字」に並べられています。授業が始まり「始業のあいさつ」をすると、教師は何と、後ろへ行ってしまうのです。後は、生徒自身が授業を司会・進行して、前時に生徒同士で割り当てていた問題を、発表し合って授業を進めます。そして、終了10分前に、後ろに立って授業展開を見ていた教師が、前に出て来て「まとめ」をし、後の残り5分で、生徒自身で「次時授業の作業分担の割り当て」をし合って、授業は終了となります。

校門には看板が2枚あると、先に述べましたが、普通の学校にはない「鹿児島大学教育学部研究実践指定校」というのも掛かっていたのです。私はそのような特異な教育を大浦中3年生の1年間、受けることになったわけです。

この1年間に研究公開がよくあって、あちこちから「貸し切りバス」を連ねて、大勢の「学校関係者」や教師が参観に来ましたので、しばらくすると、参観者がいるのが当たり前で、見られることに慣れてきた私は、むしろ見られていることに「快感」さえ覚えるようになっていました。

先生方は私たちに、このような教育のことを「いもこじ学習」だと説明されました。

「いもこじ学習」の授業風景。左下は校門に「鹿児島大学教育学部研究実践指定校」の看板のある大浦中学校から役場所在地の木連口集落越しに亀ヶ丘を望む写真。

当時の上坪基二校長先生の「教育理論」に基づいた、我が国でも「全国的にも有名な集団学習の研究実践校」だったことは、後になって知りました。

「テスト」にしても、大浦中に転校してからは、いわゆる「×」は1回もいただいたことはありませんでした。

つまり、「合っている」ところはもちろん「〇」なのですが、間違っているところには「×」がつけられていないのです。

正解になって「〇」をもらうまでは、何回でも書き直して、職員室の先生に見せに行くのです。

このことを経験した私には「×」というものが、その人の人格をさえ「拒否・否定」しているような気がして、どうも「ヨロシク」ないものに思え、教師になってから、時折「×」をつけない採点方法を取り入れたことがありました。

ところで、私たちの学年は「大浦中13回生」にあたります。１９６０（昭和35）年卒で、担任の大迫達郎先生や、同窓会の世話役をしている福元祐策さんから、最近メールや多くの資料・データなどが郵送されてきています。

その資料から、「いもこじ学習」が、戦後教育の中でも全国的に注目された特異なもので、広島大学教育学部「ペスタロッチー研究」とも連動していた真相が、浮かび上がってきたのです。

6

上坪先生と「いもこじ学習」

南海日日新聞掲載紙面。２００９年（平成21年）２月８日

56年前の昭和28年に、奄美では日本復帰運動が熾烈を極め、群島は8年間の行政分離から脱して、全島民の悲願が達成されたのですが、本土でも、薩摩半島の南西部の一隅で、熱風のごとき「ある運動」が開始されていたのです。それが、大浦中に導入された「いもこじ学習」でした。

奄美が「復帰運動」であったのに対し、大浦中のそれは、「教育運動」だったのです。

昭和34年1月23日。

この日は、日教組の第8次教育研究全国集会の第10分科会において、戦後教育史の中でも、一大センセーションを巻き起こすことになる特異な、事例発表の報告が、一教諭によってなされた日でした。

発表したのは、広島県の賀茂川中学校の沢田健二先生で、『人間形成を目指す自発協同学習と道徳教育』という標題のもとに、同中学校の現状を報告。これを、全国の大手新聞がトップニュースとして取り上げ、賀茂川中には連日、ＮＨＫ等のテレビの取材が相次ぎ、マスコミがこぞって、この特異な取り組みを紹介しました。

この特異な取り組みこそ、「いもこじ学習」つまり、普通には、「自発協同学習」と呼ば

れるものだったのです。

そもそも、「いもこじ」とは、鹿児島の方言で、「芋を洗うときに芋同士が擦り合わされて泥を落とす」ことを意味していました。

その主唱者である大浦中学校の上坪基二校長先生は、古武士然とした風貌の、実に個性的で、言いようのない魅力を持っておられた方でしたから、校長先生の講話は、私を含めた反抗期の男子生徒も大好きでした。

その講話の中に「姉妹校の広島県の賀茂川中学校」のことがよく出てきましたので、大浦中と、賀茂川中は、「自発協同学習」の「共通の教育法実践校」だったのです。

両校の繋がりのいきさつは、日教組（日本教職員組合）教研全国集会以前にさかのぼります。賀茂川中の信川実校長が、自身の個人的「教育理念」で確立した「自発協同学習」は、学校職員の協力のもとで一丸となって実践されました。

このような新しい試みは、戦後のさまざまな民主教育の模索と「学制改革」の中、周囲からも「自明・当然」と受け取められた時期に開始されたものだったのです。

大浦中と賀茂川中の交流については、私の中学3年のときの担任をなさっておられた、我が恩師・大迫達郎先生（元川辺加世田小中高等学校校長会会長）から、長文のお手紙をいただきましたが、それを要約すると次のようになります。

「大浦中の上坪基二校長が、東京であった全国中学校長会で、広島県のある中学校の校長の発表を聴き、この学校の視察をすることにしたのがその交わりのきっかけです。派遣されたのは当時の吉見教頭と橋口先生の二人でしたが、広島のどこの学校か分からず、広島県教委に行き、それが当時の賀茂郡（今の竹原市）の賀茂川中学校だと分かり、呉線の竹原駅下車で賀茂川中学校にバスで行きました。校門をくぐり、学校に入ると、音楽室からピアノの音が聞こえてきて、合唱しており、音楽室をのぞいてみたら生徒だけの学習で教師はおらず、自主的な教師不在の学習をしていました。職員室を訪ねると養護の先生が一人だけで、先生方は広島大学に行っていらっしゃるとのこと。それにもかかわらず、学校は普通の態勢での授業がなされていたのです。この日は、先生方とお話しすることはできなくて、二人は翌日あらためて学校を訪ねました。昭和28年のことでした」

冒頭にも述べましたが、昭和28年は、奄美群島が「祖国のふところ」に再び戻った年です。その同じ年に、「いもこじ学習」という特異な教育が南薩の地・大浦に導入されていたことになります。

そして、大迫先生には、今でも親交のある賀茂川中の元教諭の沢田健二先生がいらっしゃるとのことです。

例の、教研集会の「事例発表」をされた、まさにその方です。

私が大浦中13回生として転校したのは、昭和34年の日教組教研全国集会の、２カ月後の4月になりますから、何と、「いもこじ学習」の沸騰期に、その強力な実践校に、「飛び込んだ」ことになります。

賀茂川中が、マスコミ攻勢を受けていたのに対し、大浦中の方は、教育関係者が絶え間なく参観に訪れており、少年期において、故郷奄美で多くの島民が「日本復帰運動」に熱く燃えている姿を目にしていた私にとっては、青年前期になって、再び大浦中で、「熱湯」のような教師群像の情熱を、まともに浴びることになったわけです。

また、大迫先生から送っていただいた、一冊の本がここにあります。広島大学教育学部の末吉悌次教授と賀茂川中の信川実校長の共著になる「自発協同学習」（黎明書房）です。今、この「自発協同学習」を読んでいると、私は、なんだか病後に回復した患者が自分の数十年前の処方箋を見せられたみたいな気分になるのです。

それが「医学」のものでなく「教育学」である点が違っているだけなのではないかと思うのです。

その本にある。賀茂川中の信川実校長の「教育理論」は、ペスタロッチをはじめ、ソクラテス、ルソー、カント、フィヒテ、フレーベル、デューイ等の思想や教育理念に立脚したもので、「確固たる信念」で打ち立てられたものでした。

しかも、この本の中で、信川実校長は「『畏敬する鹿児島県大浦中学校長上坪基二先生』が『鹿児島の教育』に寄せられた論説」としての「教えざるの教育」「ゆさぶりの原理」を掲載・紹介しています。

賀茂川中のことを、マスコミが注目し、そのことで、広島大学の末吉悌次教授も同中学校の「いもこじ学習（自発協同学習）」を、「着目」したことになります。

そして、「広島大学教育学部と賀茂川中の研究実践は、密接にリンクしていた」ことになり、後に「ペスタロッチー教育賞」が、広島大学に創設される淵源にもなったといえるのです。

自発協同学習に取り組んだ上坪基二大浦中学校校長先生。左下は、いもこじ学習の理論書『自発協同学習』(黎明書房・昭和40年4月5日刊)末吉悌次広島大学教育学部教授・信川実賀茂川中学校校長。共著

7

大浦中13回生の追跡記事

南海日日新聞掲載紙面。２００９年（平成21年）３月３日

　私は、いわゆる「大浦中13回生」にあたります。

最近、ようやく連絡のついた同窓会世話人の福元祐策さん（元・大浦町役場企画課長）から、名簿や写真などの懐かしい資料が送られてきますが、その中に卒業アルバムと朝日新聞連載の切り抜きがありました。

　それらの資料から、私たち「13回生」が、その後40年たってからも「注目」されている「学年」だったことに気付かされたのです。

　つまり、私たちの世代というものは、戦後日本経済の状況に、象徴的に「意義付け」され、「団塊世代の魁」としての「規定付け」をもされていたりするのです。

　これは、もう私の思慮の範囲を超えた「客観的な世界」なのです。

　その新聞の特集記事「50年の軌跡」「大浦中『3年に組』47人は今」（朝日新聞1995年元日号）の「前書き」に、

「終戦直前の44年から45年に生まれ、ここで育った『大浦中13回卒業生』たちはいま50歳。その人生は戦後の軌跡とぴったりと重なる。」

と、書いてあります。

ということは、この私の人生も「戦後の軌跡とぴったり重なる」者たちの、一員だったことになります。

私の場合は、「ここ（大浦）で育って」おらず、分離中の「奄美で育って」、復帰後に「大浦中13回生」に合流したことになるのですが。

ところで、大浦中13回生は、4組からなっていて、私は『い組』でしたが、朝日新聞の追跡記事の対象になったのは、『に組』の方でした。

『に組』の男子に、石川雅君がいて、彼とは卒業後、加世田高校に一緒に通った仲間ですけれども、彼によると「朝日新聞の追跡記事は『い組』でも『は組』でもよかったのに、何で、『に組』なんだろう」と言うことですから、まかり間違えば、私たちの『い組』が追跡対象学級になっていた可能性もあったのです。

この記事のことを、私が全く知らなかったのは、単に学級が違っていただけのことによるもののようです。

資料を提供された福元さんは、「その3回目を読むと、いつも涙が出て仕方ないんですよ」と、電話の向こうでもう、声を詰まらせているのです。

「50年の軌跡」の特集記事は、引き続いて正月休み明けの1月5日から9日まで、コラム形式で5回連載されました。

5回のコラムのタイトルは、それぞれ、「終戦」「6・3制」「集団就職」「家族」「不況」となっています。

福元さんが言ったのは、その3回目の「集団就職」「励まされた父の手紙」、「金の卵たち関東や関西に」のタイトルの記事のことだったのです。

福元さんが涙するのは、次の文章でした。

「(長沼さんの)初めての給料は3千円だった。千円を実家に仕送りし、残りの2千円で自分の服を買った。『給料は、社長の奥さんに預けっぱなしだった。退職したときには貯金も案外あった』と笑う」

でも、この記事の文章のどの箇所で福元さんは涙するのでしょうか。

実は、長沼さんの家庭の様子を知っている福元さんだからこその、涙なのです。

長沼さんは、お母さんは病弱で、お父さんも「夜盲症」。貧しくて、家に「お風呂」がなくて、小学校低学年のときから「いじめられっ子」だった。笑ったところは見たことがなかった。しかし、「退職したときには貯金も案外あった」と『笑った』というのである。「ああ、長沼さんも『笑うんだ』と思った」と言いつつ、また、福元さんは、新たな涙を禁じ得ないのだった。

私の人生の中で、沸騰期の「いもこじ学習」に飛び込んだ際に、中学3年の1年間を、共に過ごした「大浦中13回生」の仲間たちは、今度は、朝日新聞で戦後50年目の折り目に、このように「追跡記事」に扱われることになったのです。そして、この特集記事は、私と同期の「13回生たちの50歳の今」と、戦後日本の歩みや事件などの社会情勢とを、彼らの「人生軌跡」に絡ませつつ、「戦後の軌跡とぴったり重なる」文章として構成した形で、まとめられているのです。

ここで言う「今」とは、特集記事の掲載された時点のことですから、還暦を既に超えている、現在の私どもにとっては、これももう、14年前になりますが。

その記事中にある、

「小学生時代は、全員『はだし』でした」

という、記述などを目にすると、分離中の奄美の様子とも重なる、「奄美の島差別」とか「本土の優位」とかのない、あの敗戦後の日本の「みんなが貧しかった時代」が、展開しているのです。

また、福元さんから送ってもらった「アルバム」には、集団就職に出発する卒業直前の、彼らの様子が集合写真で偲ばれます。

大浦中卒業当時の社会情勢としては、慶事の皇太子御成婚の「ミッチーブーム」の一方で、「集団就職の金の卵」たちの、歌手・井沢八郎の「あゝ上野駅」の世界があったのです。

このような、さまざまな資料から、私個人をも客観的に「回顧」することもできそうです。

名瀬を出て、5年目のそのころ私たち家族が住んでいた大浦部長派出所は、野間池まで連なる笠沙系統の7派出所の中心としての、加世田警察署管内での幹部派出所でした。

そして、そのころの私といえば、派出所勤務の警察官の家族として、三池争議で大牟田に警備に行く父の姿を見たり、『警察電話』の取り次ぎの側で、60年安保の影や、「非常招集」の緊迫感に、敏感に反応する年齢でもあったのです。

ところで、私どもには「校歌」のほかに、「大浦中13回生の歌」というのもあり、卒業アルバムで久しぶりに見ることができました。

校歌の方は、まだおしまいまでメロディーを間違えないで歌えますが、「13回生の歌」は、

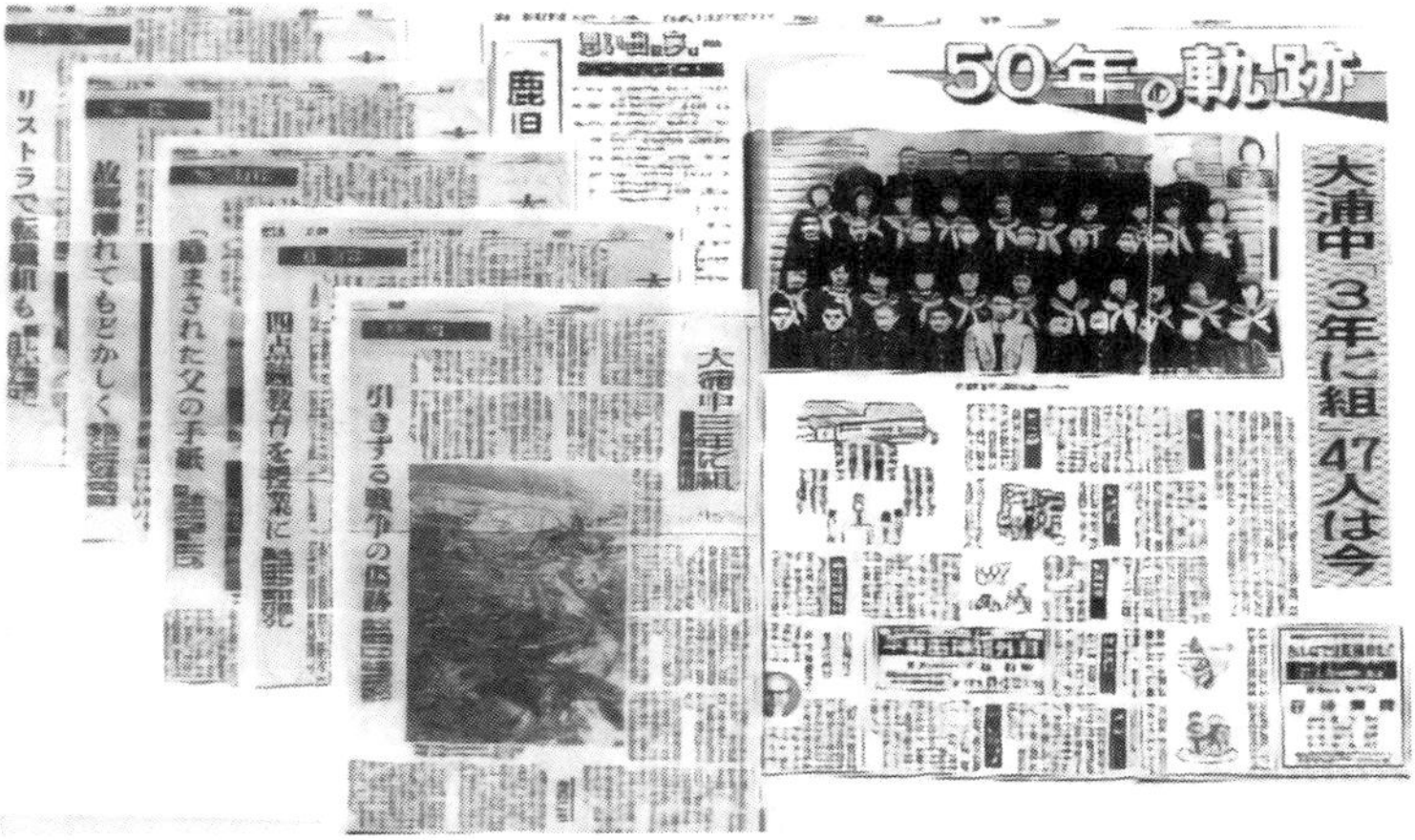

「戦後の軌跡とぴったり重なる大浦中13回生」を扱った新聞紙面。右は戦後50年特集記事元旦号。左は1月5日からの連載コラム。いずれも1995年（平成7年）・朝日新聞。

記憶のかなたに遠くかすんで、今は思い出せません。

そして、その私どもの「大浦中13回生」同窓会が、明年に予定されているそうです。

恩師・大迫達郎先生や、65歳になった仲間との再会が楽しみです。

鬼籍に入った同級生も写っているセピア色のアルバムは、かくも切なく懐かしいものなのです。

ちなみに、昨年の10月24日には、私どもより一つ年上の、「12回生」の先輩方が同窓会をしたばかりだとのことですが、その中には、北海道知事選出馬で話題を呼んだ衆議院北海道1区選出の元社会党代議士の伊東秀子先輩もいらしたとのことです。

8

宮之原氏と秋目

南海日日新聞掲載紙面。２００９年（平成21年）４月７日

大浦中学校3年在学中の、ある土曜日の夜のことです。

私ども家族の住んでいた大浦部長派出所は、にわか宴会の場となっていました。

加世田警察署「大浦部長派出所」は、大浦・笠沙管内のいわば「幹部派出所」で、西端の野間池集落まで、万世、小湊、大浦、赤生木、小浦、片浦、野間池と続く駐在所の拠点でした。

事務所には、近くの民家に住む通いの巡査の机2脚もあり、部長である父の机には、でかい「ガニランの鉢」が載せてありました。

事務所と同じ屋根の住居部分は、いざという場合に備え加世田署の警備部隊の宿泊が可能な和室がいくつもあって、10坪余りもある台所の土間には、奄美で言う「アンマンナベ」（奄美大島の方言で大型の鍋の名称）を据えた、炊き出し用の大きい土のかまど2基と、配膳用の板の間が備わっていました。

その夜、畳敷きの「玄関の間」に集って来ていたのは、大浦中学校の先生方でした。

宴会で、父と談笑している先生方の様子からは、反抗期の中3男子生徒である私、つまり、部長の息子の何らかの問題行動に対して、集団で文句をつけに来たとも思えません。

もっぱら、話題の主人公は「巡査部長である父」なのです。

しばらくすると、父や先生方の話の大筋が判明してきました。

要約すると、こうです。

「土曜日で、午前中授業の生徒たちを下校させると、鹿教組大浦中分会の先生方が職員室に集合しました。

その日の昼に、東京から随行員数人と共に、当時の宮之原貞光・日教組書記長が、大浦中に来校されるからです。

宮之原書記長が、戦前に勤務していた、秋目小学校にあいさつに行く途中に立ち寄る、という日程が、組織を通じて連絡されていたのです。

校門からタクシーで見えた宮之原書記長一行を、分会幹部が玄関で迎え、職員室へ案内しますと、校長はじめ、分会員全員が起立して歓待しました。

宮之原書記長のあいさつが終わり、分会長が歓迎の言葉を述べようとしたまさにそのとき、職員室のドアが開いたのです。

そこには大浦部長派出所の巡査部長が、武装警官の制服姿で立っていて、『貞光！』と、大声で怒鳴りました。

これを見て、『我々の日教組書記長を、武装警官の官憲が名前を呼び捨てて乱入』と、受け取った血気盛んな分会の若い先生方が、一気に応戦の構えを取って、前に出ました。

ところが官憲に駆け寄ったのは宮之原書記長の方で、『武市アニ！』と手を握り、肩を抱き合い、官憲である派出所の巡査部長と抱擁し合っているではありませんか。
驚いたのは随行員・分会員のその場にいた全員です。
宮之原書記長が笑いながら、『自分の妻が福島部長とは同郷のうえ近い親せき』との紹介があり、一同納得した」

と、いうものです。

父の方へは、あらかじめ警備上の連絡が本署の方から警察電話で詳しく入っていて、その動向はすべて掌握していたのです。

秋目小学校へは分会幹部が同行し、宮之原書記長を鹿児島へ送った後、大浦部長派出所に分会の先生方が集合して「ノンカタ（飲み会）」が、始まったということなのです。

私としては、何も、父の宮之原先生との再会は、学校職員室での歓迎の場に、あのような制服姿でなくてもよかったのにと思うのですが…。

「故・宮之原貞光先生の略歴」という資料を、鹿教組（鹿児島県教職員組合）本部から送っていただきました。

それによりますと、１９３８年に鹿児島師範学校を卒業された宮之原先生が、教員生活の振り出しとしての、龍郷大勝尋常小学校訓導に引き続き、大浦中学校校区の秋目小学校に勤務したのは、40年からのことになります。

そのとき、宮之原先生は、23歳の若き青年教師でした。

そして、宮之原先生の海軍入隊は、実は、この秋目からなのです。

さらに、除隊後の42年には、名瀬国民学校で勤めており、終戦の年の暮れ（45年12月）には、川内市隈之城国民学校で教鞭を執っています。

その後の鹿教組書記長、さらに日教組委員長・書記長、社会党参議院議員としての宮之原先生のご活躍は、多くの方々の記憶に、今なお鮮明に残っているものと思います。宮之原先生が過ごされた秋目集落は、大浦の背後の山嶺「亀ヶ丘」に連なる秋目峠を越えると、眼下に眺望できる秋目湾に臨む漁村です。

今でこそ、秋目小学校も、廃校となり、集落自体も南薩の小寒村に過ぎませんが、ここ秋目集落は、井上靖の「天平の甍」中にも、「薩摩国阿多郡秋妻屋浦（薩摩半島南西部の漁村）」と記されて登場していて、宮之原先生がここに居住される以前には、唐僧鑑真の上陸地として、「仏教史上」でも、夙《つと》に有名になっていた場所です。

俗に「すんくじら」とも称される、この南薩の西端部は地理的にみても、九州本土と大陸東部を結ぶ最初の位置にあって、古くから大陸・道の島とは、そもそもが、繋がりが深い地域なのです。

また、幕末には、薩摩藩の密貿易拠点で知られる、坊津や久志にも隣接している、この秋目を含むエリアは、「南十二島かわなべのうち」などと古書にも記されるように、南島の歴史と強く結びついていました。

23歳の若き青年教師である宮之原先生にとっても、故郷の龍郷町戸口と同じように「南風（フェイヌカゼ）」のにおいに包まれた、ここ『秋目』での日々の生活は、きっと、シマと似た景色や、そこに繁茂する植生のそよぎにも心動かされる思い出深い勤務地だった

秋目の小さな集落海岸に「唐僧鑑真上陸記念館」と映画「007」のモニュメントが建つ。右上はここで教鞭を執った奄美・龍郷出身の宮之原貞光日教組（日本教職員組合）委員長。

に違いないのです。

もちろん、赴任したころも宮之原先生は、その後に訪れることになる「太平洋戦争」と「海軍入隊」、さらには、戦後の右肩上がりの日本経済の中で、労働運動史上最大の影響力を持つことになる「日教組」のトップリーダーとしての人生を、このときには予想しなかったはずなのです。

そのせいか、宮之原先生は、その後も、再三、開戦前に暮らした秋目を訪れています。

私には、宮之原先生の「平和教育」の原点は、もしかして、ここ秋目にあったのではないかと、思われてなりません。

「大浦中13回生」の「い組」の同級生、岩元嘉三郎君は、実家が秋目の網元でしたが、彼によると、「通学路には、険しいけど早く着く『男道』とバス道路の『女道』があった。通学にも思い出があって、昔は本当に、よかった」と懐かしそうに山越えの通学のことを電話で話してくれました。

現在、この秋目には、鑑真記念館と、ジェームズ・

ボンド役のショーン・コネリーと、浜美枝、丹波哲郎が出演した映画「００７は二度死ぬ」のロケ地のモニュメントが建てられており、古事記神話「笠沙路」のルートの出発地点にもなっています。

このように宮之原先生が過ごされた昭和15年ごろの秋目集落の時間は、今も居住まいを変えつつ暮らす人々を穏やかに包み込んで流れているのです。

奄美の精神世界

みそぎの滝

神屋（トネヤ）

写真提供者：稲光政氏

9

「稚児踊」での島差別

南海日日新聞掲載紙面。２００９年（平成21年）５月14日

吹上浜南部に流れ出る万之瀬川はその上流で内陸部中央のシラス台地を浸食しつつ、ゆるやかに蛇行しています。

古くから「南薩の雄」とも呼ばれていた加世田は中流域に発展した城下町なのです。

藩政時代、この万之瀬川沿いに、周囲から孤立した高台があって、ここが島津日新公の別府城でした。

「いろは歌」で有名な日新公の盈虚を偲ぶこの別府城址。

私どもが名瀬から転校した当時には加世田小学校の敷地となっていて、正門からはのめり込むような急斜面の長い石段で、眼下には最下段のきざはしから降り立つ河岸道と小川を隔てて、生け垣に囲まれた瓦屋根の武家屋敷が並ぶ麓地区が見渡せます。

日新公を祭る竹田神社も指呼の間にあります。

加世田小学校の最初の夏休み。

私たち家族は竹田神社の夏祭り・六月灯を初めて見物しました。

竹田神社の社殿・境内の規模と重厚さは、さすが、島津家の名君を祀る文社。立派なものです。

加世田小学校校門の石段前を通り、麓地区を貫流する小川は、神社の鳥居前から流れきて、鳥居前の小川では、水車仕掛けの大掛かりな歴史絵巻のからくり人形が動いているのです。

その夏、私たちが見たからくり人形は馬上から太刀を振りかぶる上杉謙信と椅子に座ったまま軍配団扇をかざす武田信玄の、あの「川中島」の名場面で、その武将人形の豪華な戦陣衣装と装置には真実、感心したものです。

竹田神社の六月灯にはからくり人形のほかに近隣から持ち寄った農作物や加世田鍛冶の鎌や農具等が出店に並んでいます。

世はまさに神武景気。夏祭りでの風物詩での定番、金魚すくいとか綿あめなどや、テキ屋のおじさんたちの勇ましい売り声もひときわ活気にみち溢れ。文字通り、門前市をなしているのです。

そして、境内では毎年恒例の「二才踊」「兵児踊」「稚児踊」が奉納されます。

特に稚児踊には私の同級生も参加していて、太鼓や鐘を鳴らし、肩衣を着て、頭には独特の白鉢巻きを締め、幾重にも行列をなして踊り、祭神に奉納します。

次の年、私が加世田小学校6年生、弟が4年生の夏休みのことです。

その年の竹田神社稚児踊の参加者募集があったので私ども兄弟も申し出て、小学校の講堂で1日目の練習をしました。

ところが、2日目には「参加せずともよい」との連絡が両親のもとに届いていたのです。

理由は「島出身の子弟の参加は許可しない」とのことです。

さあ、生来気性の激しい母の逆鱗に触れたから、その当時、加世田在庄の奄美出身者に呼びかけて母による、島の方言で言うところの「クゥギトゥシ」（強烈な揺さぶり倒し）が始まりました。

当時の電電公社加世田支社長をはじめ、定年後に加世田に居を構えていた学校関係者や現役の小・中・高校の先生方にも奄美出身者が多くいましたし、加世田署の父の同僚にも島出身者がいて、巡査部長の息子二人の「稚児踊」への参加拒否の扱いは、そのまま、奄美出身者全体のこととしてじんわりと、稚児踊の民間指導者に「奄美出身・島出身の子弟であれば何故参加できないのか」との圧力が及んだものと思います。

このようにして稚児踊差別事件のことは一挙に広がり、結果として、3、4日後から私ども兄弟の参加が認められました。

練習に行くと例の指導者は姿が見えず、別な人に替わっていました。

このことで私ども兄弟はなんと「加世田の竹田神社の六月灯・稚児踊に最初に参加した奄美出身者の子弟」となったわけです。

保守王国といわれる鹿児島、それも、当時の南薩ではまだまだ封建的な古い考えが残ってはいましたが、実際には私の加世田小学校6年のときの担任でもあり、後に加世田市教育長になられた相徳良章先生のように開明的で漸進的改革を目指す方々も多くいらしたのです。

ここに南さつま市教育委員会から送っていただいた現在の稚児踊の写真があります。

それを見ると、当時に比べ参加人数も少なく、稚児の衣装も心なしか、少し変わっているように思えます。

この稚児踊の差別事例のことは私が教師になってから同和教育推進教員（同推教）として、黎明館の大講堂で実践事例を発表することとなったときに具体事例として報告しましたが、その記録が手元にあります。

鹿児島県同和教育研究協議会（県同協）から送っていただいた「第17回鹿児島県『同和』教育研究大会」（1992年10月27日）の大会レジュメによると、私の発表は「第3分科会の『第2分散会』」に「丸田南里と勝手世『騒動』」として記録されています。

私は、この中で加世田の竹田神社・稚児踊差別事例のことを実体験としてレクチュアしました。

実は、黎明館での発表に先立って県同協夏期合宿が指宿で開催され、その合宿に参加するために鹿児島新港に着いた私を事前に連絡のあった和《にぎ》眞一郎先生（元・全国同和教育研究協議会副委員長）が待っておられて、自家用車で指宿のホテルまで連れて行ってくださいました。

その車中で和先生は島尾敏雄先生のことをいろいろお話になられましたが、私も、「ハルチ」というシマグチを最初に教えていただいたのが島尾先生であり、「福島君とはハルチだよ」とお話になられたことなどを述べました。

そして、指宿のホテルであった夏期合宿でも私は黎明館の内容と全く同じテーマで稚児踊差別事例を発表しました。

合宿終了後、私の鹿児島への復路をも和先生が送ってくださり、大島高校に勤務なさっていたころ、水泳部の原万次郎君を一時期、自宅に預かっていたことなど、面白いお話をなさいました。

そして、鹿児島市に着いた和先生は照國神社近くの教職員互助会館の駐車場で車を降り、私に「お昼ご飯をおごる」とおっしゃって天文館のアーケードを歩きました。

その際に、「ここ、鹿児島市内でも島出身者の祭りへの参加拒否事例があるんだよ」と教えていただいたのです。

これほど早く和先生と幽明境を異にするとはそのときに知る由もなく、もっと詳しく鹿児島市の事例をお聞きすればよかったと思うことが今、悔やまれてならないのです。

県同協事務局からの資料「和先生のプロフィール」によりますと、指宿大会のあったこの年、和先生は57歳であったことが分かりました。

60年に國學院大學を卒業された和先生は大島高校・鹿児島工業高校・吹上高校などで教鞭をとられましたが、その間、県高教組専従や県同協評議員、全同協副委員長などを務めました。

定年退職後には、鹿児島市在住の奄美出身者による「奄美を語る会」を81年に立ち上げておられます。

和先生の写真を提供された長女の和るりこさんからは「父の倒れる10日ぐらい前に撮影したものだと伺っています」とのお電話をいただきました。

98年に法務省人権擁護委員に委嘱された和先生が子ども人権専門委員として活動を始めた直後のことで、２００２年６月３日に67歳で逝去なさいました。鹿児島の「奄美を語る会」の方は、和先生の遺志を継いだ活動が世話人の仙田隆宣氏のもと、現在も継承されて

島津日新公を祀る竹田神社の稚児踊。右上は奄美・大和村出身の和眞一郎先生（全国同和教育研究協議会副委員長）

います。

同和教育への関わり方の姿勢について、表面的な「ルサンチマン」への「同情レベル」と「そぶり」の欺瞞などに対してはその都度、鋭く指摘されていた和先生の在りし日の峻厳な一面と、鹿児島・指宿往還の車中で島尾敏雄先生や原万次郎君のことを相好を崩してお話になられた柔和なお顔が今、懐かしく思い出されるのです。

第3章

私の加世田小学校の卒業学年の担任は相徳良章先生で、薩摩武士の子孫でした。

島津氏と薩摩藩とは同一視されがちですが、先に、島津氏が成立しています。

まず、島津氏は鹿児島の土着の武士ではありませんでした。源頼朝の嫡流を名乗る島津氏が鹿児島入りした当初は、地元の豪族による激しい抵抗にあっています。

そして、この抵抗勢力を抑えた島津氏は、さらに九州全土平定に乗り出しました。

島津氏の勢力が九州の大半に拡大したところで、これを阻むように全国制覇を目論む豊臣秀吉の九州征伐軍が九州入りをし、その勢力に押された島津氏は鹿児島に戻ることになったのです。

この後、島津氏は朝鮮出兵で功名を上げたり、関ヶ原の戦いでは西軍側についたために大敗を喫したりしています。

江戸時代になり薩摩藩の領主となった島津氏は外様大名でありながらも琉球を抱える大藩としての存在を示すことになったのです。

島津氏の中でも、島津義弘は並みいる勇猛果敢な戦国武将においても特筆されるべき武人として知られています。

九州全土平定を目指す島津を阻んだ豊臣秀吉の九州征伐軍と激突したのも義弘であり、朝鮮出兵の際には「鬼島津」と恐れられたのも義弘なら、関ヶ原の戦いで「正面突破」の戦術を世に残したことで、名高いレジェンドとして語り継がれる武将も義弘なのです。

義弘を筆頭とした薩摩武士のこのような強い精神を形成した「薩摩藩教学」こそは、義弘の祖父で「島津家中興の英主」とされている加世田の「日新公（島津忠良）」なのです。

麑都《げいと》・鹿児島が政治的な「頭脳部」であるとすれば、加世田は薩摩武士の精神を育成する、まさに「心臓部」であったといえます。

薩摩半島南部のシラス台地を浸食しつつ蛇行する万之瀬川中流河畔の独立丘である別府城に居を構えた日新公が詠んだ「いろは歌」は、薩摩藩教学の要諦とされました。

加世田において島津氏の居城となった別府城と、その城門下を固める麓地区との配置は、外城制をとる薩摩藩の典型的な城下町です。ここ麓地区には武家屋敷が甍《いらか》を並べており、私の加世田小学校の卒業学年の担任であった相徳良章先生のご自宅も、ここ麓地区にありました。

口をきりっと真一文字に結ばれた相徳先生には、薩摩武士の威厳がうかがえ、初対面では近寄りがたい感じがありました。

しかし、その授業になると、一転、戦時中の海軍軍艦の搭乗兵であった体験を面白おかしくジェスチャーを交えてお話しされたので、私ども悪童たちも相徳先生のこの「面白い」授業が大好きでした。

「学び」には「面白い」と思うことがあるかないかが極めて重要で、子どもたちが、自分の興味と関心を持続させて伸ばすには「面白いこと」が関わっていると私は思っています。

後に、大浦中学校での、「いもこじ学習」の「自発学習」を体験することになった私には、小学校時代の相徳先生が取り入れていらした「調べ学習」もこれに繋がっているように思えます。

相徳先生の授業では、教師の板書したものをノートに書かせる作業は一切ありませんでした。

毎時間のはじめにまずＡ４サイズのわら半紙を一枚配布して、生徒と教師の質疑応答の後に、教科書を見ながらそのわら半紙に生徒各自でまとめていくのです。

宿題の課題も、同じそのわら半紙の余白に書いて来させ、相徳先生が確認して返すという特異な授業でした。

このように、「いもこじ学習」も「調べ学習」も学ぶ生徒本人の作業が主力の方法なのでした。

敗戦後の我が国の「新設・社会科」で排除された「神話」を、地元の「笠沙神話」で教えていただいたのも相徳先生でしたが、敗戦後の新しい教育がいかにあるべきかを模索していた教師群像の陣営の中に相徳先生もいらしたのだと、今になって思われるのです。

10

阿多神話と黒潮海流の謎（上）

南海日日新聞掲載紙面。２００９年（平成21年）６月２日

戦後生まれの者には馴染みの薄い「日本神話」の話をしたい。それは、南さつま市が、我が国の開闢神話である「天孫降臨」の舞台だからだ。そのことを私は加世田小学校６年の「郷土クラブ」で学んだ。教えてくださったのは、卒業学年の学級担任、相徳良章先生（後の加世田市教育長）であった。

私ども兄弟が加世田の竹田神社・稚児踊へ、奄美出身者の子弟として最初に参加が許可されたのは、相徳先生に受け持っていただいたときのことである。「郷土クラブ」の顧問でもあった先生からは、笠沙の「仁王崎」の由来が海幸・山幸にちなむものであるとか、加世田の語源がもともとは「笠沙田」であったことなど、「日向神話」の物語を教えていただいた。

ところで、戦前の「国史」教育は「神話が忠実」というような「皇国史観」であった。そのため、敗戦後にはこれを全否定して、記紀の「日本神話」が新制社会科教科書からも排除されたのだ。私のように、戦後の小学生で、神話の現場でこれを学べたのは、当時としては実に稀有なことだった。

さてここで、戦後教育を受けた者たちにはなじみの薄い、天孫降臨の「日向神話（阿多

神話)」のストーリーを、小学生でも分かるように要約してなぞってみると、こうなる。

「天上のタカマガハラから地上の霧島山に降りた神をニニギノミコトという。霧島から笠沙の岬に着いた彼はその地のオオヤマツミの娘コノハナサクヤヒメに一目ぼれして、結婚を申し出た。ところが、オオヤマツミはイワナガヒメという姉も一緒に送って来た。姉は見た目が美しくなかったので送り返したところ、オオヤマツミは、あぁ姉も一緒にもらっとけば、不老不死の命が授かったのにと嘆いた。

若夫婦の間に生まれた男の子が、兄の海幸と弟の山幸である。ここは童話でも有名な場面。弟は兄の釣り針をなくし、海中に探しに行く。3年の間、海中宮殿の美人トヨタマヒメと暮らした山幸は、兄の釣り針が見つかったので陸上に帰るが、お土産に二つの玉をもらう。この玉で兄を懲らしめ自分の家来にした。

3年一緒に暮したトヨタマヒメが追っかけてきて、子どもを出産すると言う。そして、ウの鳥の羽で葺いた産屋を作るから、絶対中を見ちゃいけないと念を押した。けれども、見るなと言われれば言われるほど見たいのが人情。で、中を見て驚いた。あの美人が実はワニだった。生まれた子は、産室が未完成のときに生まれたので、名をウガヤフキアエズノミコトという。

ワニとなった母は海中に戻るが、残した子の世話をする乳母として妹のタマヨリヒメを送った。成長したウガヤフキアエズノミコトと世話をしたタマヨリヒメが結婚して生まれたのが神武天皇である。平成天皇はこの初代の神武天皇から数えて125代目なる―。」

とまぁ、荒削りの乱暴なやり方だが、おおよその流れはこうで、思い出された年配の方

神々しい光に包まれた神話の里。「笠沙路」の碑と野間岳。右下は笠沙神話を教えてくださった相徳良章先生。

もいるはずだ。

この中に出てくる「古事記」の歌枕、笠沙御前が、現在の野間岬に比定されているように、薩摩半島の南西部は実は記紀に織りなされる日本神話の神々の世界なのだ。

もっと分かりやすく言えば、霧島に降り立ったニニギノミコトと、東征に向かう神武天皇の出発の舞台・宮崎を結ぶ、中間部分が「阿多神話」である。今、野間半島には、神話の場をめぐるルートの「笠沙路」がある。

戦後の「神話研究」は、世界の「神話」の精査により、それぞれの構成要素の国際的な広がりでの系統・体系化が追究されてきつつある。これは、「記紀」の成立期である8世紀（奈良時代初期）に、中央集権化の一作業として『集約』していった意志に対し、その過程で切り捨てられた地方の「言い伝え」をこそ、むしろ見直すべきだという、「記紀成立期」とは、真逆の『拡散』の視点があるのだ。

　では、「阿多神話」は、現場の笠沙ではどう捉えられているのだろう。『笠沙町郷土誌』（上巻）には、こうある。「阿多神話の中心は海幸・山幸である。阿多の地の住民は早くから海幸と深くかかわった生活をしていた。沖縄近海が主産地のゴホウラ貝が、日置郡金峰町の高橋貝塚からかなり大量に出土しており、ここに運ばれて腕輪に加工されていた。そのような海幸に根ざした生活から、海幸・山幸の神話が阿多人に受け継がれてきたのであろう」

　ところで、我が奄美では、ニニギノミコトが、なんと、奄美から北上したことを示唆する説が存在するのだ。（文《かざり》英吉「奄美大島物語」の「黒潮文化考」「宝村金喜玖翁の遺説」）

11

阿多神話と黒潮海流の謎（中）

南海日日新聞掲載紙面。２００８年（平成20年）10月2日

神話と呪詞にある「お日さま」の話だ。日本神話にもアウトローの神がいて、その名をスサノオノミコトという。彼の無法ぶりにたまりかねた姉は、とうとう洞窟に閉じこもり籠城してしまう。有名な「天の岩戸神話」のことである。

姉は太陽神話のアマテラスオオミノカミだが、逆に岩戸の扉をこじ開けて外に引き出した剛力の神もいる。この大男の名をタヂカラオノミコトという。

我が奄美には、お日さまが人間の美女に恋をして世間を真暗闇に落とし込んだという面白い話がある。山下欣一先生の「奄美説話の研究」に、いかにも人間くさいお日さまのこととして、次のような沖永良部等島のユタの呪詞が報告されている。

「山原から来て徳之島に住んでいた美女がおり、彼女に一目惚れした太陽が、天上から降りて彼女の家に住んだため、世界は夜になってしまった。ところが、隣の子どもから『お日さまでありながら、そんなことしちゃうんだ』と言われて、恥をかいた太陽は天に帰り、世界は再び昼になった」という話。

「このモチーフは、天の岩戸や日食神話が背景にあってその断片であることを示唆するもの」と、山下先生は述べておられる。日本神話では太陽神が女性なのに対し、沖永良部島

のユタの呪詞では好色な男神になっている点で相違するが、どちらも「日食の起源説明」である。

さて、「天の岩屋」と呼ばれる洞窟が「笠沙の立神」を見下ろす野間峯にあって、野間神社にはニニギノミコトとコノハナサクヤヒメ（アタツヒメ）の夫婦、それに、その子の海幸、山幸が祀られている。このように、黒潮が北上してたどり着く薩摩半島南岸にもいくつかの「立神」が見られる。アタツヒメの登場する「阿多神話（日向神話）」の前編は「高天原神話」であり、「天孫降臨」で、ニニギノミコトが地上の霧島に降り立つ前の、天上での物語なのだ。冒頭の「天の岩戸神話」も、その「高天原神話」に含まれる話である。ところで、今年はローカル的には「薩摩侵攻４００年」だが、国際的には「世界天文年」でもあるという。そして、いよいよ今世紀最大の「皆既日食」だ。

奄美の青少年の宇宙への「科学的関心」と、「夢とロマン」を育むには絶好の機会である。想像力豊かな「神話」の「宇宙論」から触発された「天文少年」たちによって楽しい「新仮説」が提示される可能性だって期待されるのだ。

少年期に初めて見た日食の感動は、私もよく覚えている。名瀬から加世田に移って4年目の、加世田中2年のときのことだ。

校内放送で外に出た生徒たちはススをつけたガラスなどを手にして校庭で空を見上げた。私と友人は偶然、理科室前の木陰で地面に映る木漏れ日がいくつもの小さな「三日月形の日食」になっているのを見つけた。そのとき、不思議な気がした。太陽は一つだけなのに、木漏れ日の一つ一つが、まるで生き物のように動いて呼吸している…、と見えたのだ。多感な少年期の記憶に残る、今でも鮮明に思い出す事のできる映像ではある。

これは、１９５８年4月19日に奄美・種子島で観測された金環食のことだが、「天文月報」では、これを「皆既日食のコロナには及ばない」と報告している。

私の見たそのときの加世田での日食は、日食帯のエリア外のため「部分食」であった。

奄美では、本紙2面に、前日の金環食の見事な王冠をとらえた写真が掲載されていた。

一般にはあまり論じられることもないが、実は、この記事に並んで、島尾敏雄先生の県立図書館奄美分館開館についてのコラムがあり、それは、県立奄美図書館新館のオープンがあったばかりの今年から鑑みるに、新旧図書館の開設には「日食」の年が重なっていたことがわかるのだが…。

そして日食の次の年１９５９年。「天の岩戸神話」をあつかった東宝映画「日本誕生」が公開された。それは、高度成長期の第2の波「岩戸景気」を迎え、流行語の「三種の神器」を生むというような、「神話用語」多用の復古調の時流の中、私が、加世田中から大浦中13回生に転校した年のことであった。

その「天の岩戸」のシーンには、大相撲の第46代横綱朝汐が、大男で剛力の神・タヂカラオノミコトの役で出演した。もちろん、徳之島町井ノ川出身の朝汐の活躍は、復帰後に本土で暮らしていた奄美の人々にとっては故郷の誇りだったが、それよりも彼の演じたのが、「敗戦後の暗闇からの再生としての女神救出」がイメージされた、高度成長期を押し開いた力の象徴として解釈できる点が重要なのである。

さてさて、来る22日のティダガナシ（沖縄と奄美の方言では、太陽のことを「ティダ」という。ガ

東宝映画「日本誕生」（1959年公開）の「天の岩戸」のシーン。右のタヂカラオノミコト役は徳之島出身の横綱・朝潮太郎。

ナシは加那志とも表記される尊称で、「ティダガナシ」は太陽神を意味する）は、真っ昼間から、今度はどこの島のどの家の美人のところへ行くのだろうか。また、そこの子どもは、今度は何を言って、お日さまを天に戻すのだろうか。

12

阿多神話と黒潮海流の謎（下）

南海日日新聞掲載紙面。２００８年（平成20年）11月6日

産室に火を付けて子どもを産んだ女神がいる。阿多神話の中心部分をなす海幸・山幸を産んだアタツヒメ（コノハナサクヤヒメ）のことだ。これは、加世田小6年のときの担当であった相徳良章先生（後の加世田市教育長）から教えていただいた話である。

古事記にはこのことを「方産時以火著其殿而産也」（産むときにあたりて、火をその殿に著《っ》けて産みき）と述べているが、この「火中出産」のモチーフは、古くから我が国でさまざまに論じられてきた「日本民族起源論」での「南方文化の北進説」の論拠の一つで、「火中出産」が「神話」の世界にとどまらず、南方の習俗にも見いだされるというのだ。

既に奄美研究の先学が報告しているように、古い奄美のお産には「立ち産」以外に「火中出産」もあって、それは遠く東南アジアへも繋がる習俗であった。

若いころ、奄美に調査来島中の泉靖一先生（元・東京大学東洋文化研究所教授）の紹介で「日本民族学会（現・日本文化人類学会）」に入会した私は、会報や東南アジアの資料中に、高床式の「産小屋」の真下で薪が燃やされているベトナムの少数民族の写真を見たことがある。

また、コノハナサクヤヒメの「木の花咲く」というのも解釈学的には「樹木霊」として

捉えられる。ここで、「樹木霊」についてみておくと、ジェームズ・フレーザーと柳田國男との微妙な違いが見て取れる。

『金枝篇』でのフレーザーの論考を、南方熊楠から聞いて啓発を受けた柳田が、『神樹篇』を上梓して我が国にもこれを当てはめようとしながら、「樹木霊」までは言及し得なかった有名な話がある。

フレーザーの論考とは、イタリアのネミの「王殺しの奇祭」から考察して、「聖樹」が単なる「神のより代」ではなく、霊威と権力を有する「神そのもの」(王権)だとする解釈だが、柳田は「穀物霊」にとどまり、「樹木霊」の論究までは及んでいない。

とにかく、ニニギノミコトが、コノハナサクヤヒメを娶ったというロジックは、地方豪族の阿多一族(阿多隼人)が「天孫族」の権力に取り込まれたことを意味している。その観点からは、奄美の「ケンムン(木の憑き物)」という妖怪などは、聖なる樹木霊が零落した姿だとして捉えられる。

ところで、「笠沙」地方には奄美大島と似た地名があり、これについては早くから指摘されていた。例えば、「笠沙」=「笠利(冠莉)」、「久志」=「久志」、「赤生木」=「赤尾木」、「小湊」=「小湊」、「阿多」=「有良(アッタ)」等だ。

柳田國男は「神話の歌枕」については懐疑的で、「安易な比定」を避けたが、地元の研究者からは、「笠沙」という地名が、神話の里である南薩の古い地籍図には見いだせないとの不思議な事実が報告されている。

実は、「笠沙」の地名はどこかという議論は「邪馬台国論争」に似て古くからあり、明

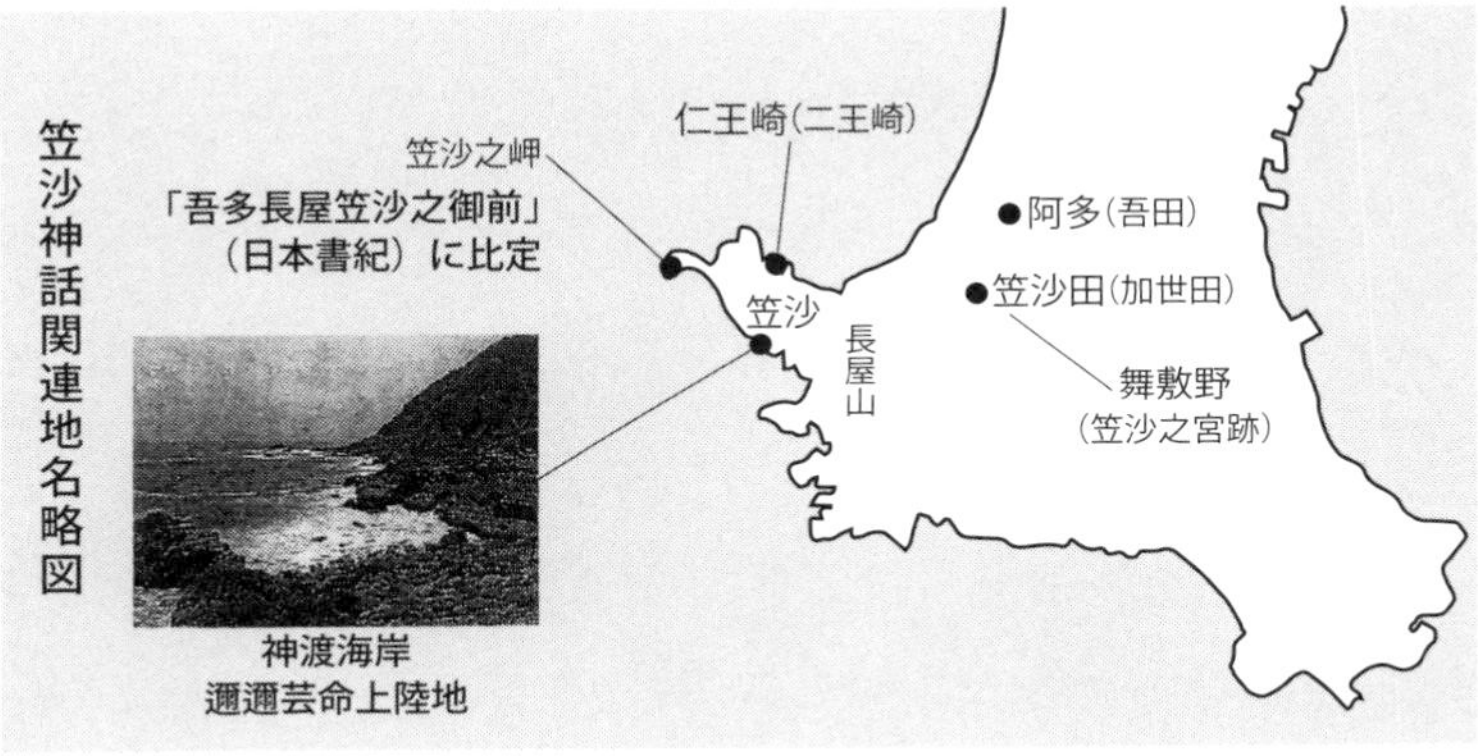

神渡海岸は黒瀬海岸とも言い、天孫降臨で霧島に降り立ったニニギノミコトが天降川を下り錦江湾から海に出て神渡海岸で上陸したと伝える。

治時代に多くの伝承地の中からこの地に選定・決定され、その後、「笠沙路」などを設定した、比較的新しいものだという。では、「笠沙」の原郷はどこなのか？阿多神話の謎の一つだ。

次に「黒潮」に関する謎である。奄美から黒潮に乗って北上すると、東西に延びた薩摩半島南岸が待ち受け、七島灘を越えてきた船人は「薩摩三山」を認め、そこで一様に安堵の胸を撫で下ろす。西側の「野間嶽」、東側の「開聞岳」、そして中央の「長屋山」だ。

「長屋山」の山塊は、薩摩半島西部に弓なりに北から降りる「吹上浜」南端の海岸部までなだれ込む。長屋山と野間嶽の綾線は「磯間岳」「亀ヶ丘」と一繋がりに、ぐるっと大浦地区を取り囲み、その南西部海岸では、秋目と笠沙路のルートが野間まで続く。秋目の隣には、南海を臨む黒瀬海岸（神渡海岸）があり、ニニギノミコトの上陸地だと地元では説明する。

天孫降臨で霧島に降りて後に、霧島から笠沙へは、陸伝いに来たのか南から来たのかというのも論争の一つだが、ここ地元では、なんと黒潮海流の打ち寄せる

「神渡海岸」に船で着岸し、八百万の神々と共にニニギノミコトが上陸したことになっているのだ。

ところで、今世紀最大の天文ショー・皆既日食の狂想曲がようやく終わった。そして、ついぞ「あの日のティダガナシは、実はわたしん家に来てたのよ」という美人からの話を聞かないのを見ると、あまりの騒々しさと大勢の子どもたちのつぶらな瞳にマブラッティ（眺められて）、柄にもなく恥ずかしがって「雲で顔を覆い隠して」どこかの山中の野茶坊ゴモリ（奄美大島の伝説に残る、超人的豪傑である「野茶坊［やちゃぼう］」が棲んでいたと伝えられる洞窟「コモリ」のこと）にでもいたのだろうか。

13

「長崎の鐘」の流れていたころ

南海日日新聞掲載紙面。2008年（平成20年）12月4日

「天皇観」への「温度差」の話をしたい。とは言っても現今の思想的な大仰なものではなく、私の少年期のことだ。私が名瀬小から加世田小に転校したのは、日本復帰をした昭和28（1953）年から2年目。敗戦後わずか10年であり、ラジオでは藤山一郎の「長崎の鐘」の歌が流れていたころであった。

私の母の妹・中山千鶴子叔母も奄美からの若き「女子挺身隊」隊員として出向いた長崎で被爆して亡くなったが、私も深い意味は分からないまま、この歌謡曲を子どもながらに口ずさんでいたものだ。

ところで、加世田に転居して最初の私の友人は松山照君といい、当時の松山加世田市長の孫であった。彼とは休日などに市役所の庭で一緒に遊んだりよく喧嘩をしたりした記憶がある。喧嘩のきっかけは「名瀬は加世田より小さい」とか「大島は歩けばすぐ海に落ちる」だとか、無知によるたあいもない彼の言葉からであった。

中でも最も違和感を覚えたのは「天皇に対する考え方の違い」で、私が「天皇陛下は…」と言ったところ、「何だ、そげなもん」と答えたのだ。本土への憧れを抱きつつ復帰運動を体験した私にとってみれば、奄美には存在しないもの・見たこともない本土にしかない

ものの代表として、「桜」「雪」「汽車」などがあり、さらには、復帰前には自由に揚げることのできなかった「日の丸」や、「天皇陛下」も含まれていたのである。

恋い慕って復帰した本土での友人の松山君は何故か「天皇」に対して「冷えて」いると思った。奄美の分離中の少年すべてが私と「同じ天皇観」だったとするつもりはない。これは、私個人の事情による「天皇への幼稚な思い入れ」があったかもしれないからだ。

私ども家族は名瀬から鹿児島に船で着いた日、加世田に行く前に鹿児島市内の荒田八幡近くに住んでいた親戚の家に一泊した。それは、有島文夫という私の両親いずれにとっても伯父にあたる方の家であった。

鹿児島中央警察署長を定年退職後、九州電力国分支店に勤めていた文夫大伯父は、昭和天皇の奄美行幸（昭和2年8月6日）の名瀬での行事の際、天皇の左右を固め先導警護した二人の警備担当を勤めたうちの一人で、そのことを終生誇りにしていた。

このような、文夫大伯父の話を幼少期から聞いていた私にとっては「日の丸」は「天皇」と同義語で、「懐かしき祖国」のシンボルでもあった。「天皇陛下」は、現在のテレビドラマの水戸黄門の印籠のごとくに「些細な島差別」を吹き飛ばすほどの「威力」を持つものだと、そのとき思っていたようだ。そして、彼の差別が「統計資料」を見ればすぐに判明するような「無認識」「無知」からくるレベルのものであったため、「そげなもん」との言もその類だと思っていた。

しかし、現在の私は、彼の「天皇観」が「無知」以上の要因によるものであったことをようやく理解できるようになっている。

祖国日本へ復帰した当日に祝賀飛行の飛行機に歓喜の声をあげ手にした日の丸を打ち振った。右上の写真の復帰運動では米軍政府から禁止された日の丸を掲げる様子が見えない。

私ども奄美群島民が「日本復帰」貫徹に向けて一丸となってエネルギーを集約してきた8年の間に、本土側では、戦後の「価値観の多様化」が進展していた。つまり、アジアの社会主義国家である「中華人民共和国」の成立と、特需景気をもたらした朝鮮戦争勃発などを経て、戦後の保革二大政党対立の「55年体制」が確立した年に、「奄美と本土」の少年二人の出会いと、それぞれの成育環境の違いによる「天皇観」の相克があったことになるからだ。

　加世田市長の孫である彼にとっても、「そげなもん」の「天皇」になっていてもやむを得ないのだ。このように、母なる「懐かしき祖国」は複雑な現実として待ち受けていたことになる。

　喧嘩相手の彼とは「悪友コンビ」でもあった。小学校6年の新学期早々この二人がこっぴどく叱られたことがある。担任の先生が、校庭で生徒に各自の手首の脈を測らせた後、校庭を2周させ、再び手首の脈を測らせた。だが、私と悪友の松山君二人だけは、心臓の鼓動も手首の脈も同じはずだからと示し合わせ、手首ではなく、襟首から差し入れた右手で自分の胸の鼓動を測ったのだ。退役軍人の先生はそれを見逃さず、大声で一喝された悪友二人にはさらに校庭5周のペナルティーが課された。

そのとき担任である相徳良章先生（後の加世田市教育長）は、以後私の小学校時代の忘れ得ない恩師となるのだが、その日の帰宅時に道筋の民家のラジオから聞こえてきた悲痛なアナウンサーの「尋ね人の時間」の声に、悔悟の念に苛まれた。苦い少年期の思い出ではある。

14

安曇野と奄美、隼人舞（上）

南海日日新聞掲載紙面。２００９年（平成21年）１月８日

海と山の象徴である「海幸山幸」と「秋名の新節《アラセツ》*1行事」の話だ。

私が最初に「海幸山幸」の話を聞いたのは加世田小6年のときの担任・相徳良章先生（後の加世田市教育長）からであった。そして「海幸山幸」の伝承地「仁王崎」のある笠沙に隣接する大浦地区へ、加世田から長屋山を西に越えて転居したのは、父が加世田警察署の署内移動で大浦派出所へ転勤になり、私も大浦中（3年）に転校したときであった。

笠沙田（加世田）から大浦へ、つまり阿多神話の中心部をなす「海幸山幸」の現場である笠沙近くへと、思春期の私は図らずも生活地を移したことになる。

その「仁王崎」は野間半島の北に面し、野間嶽からは日本三大砂丘として名高い薩摩半島西部の吹上浜と、それを抱く金峰山の山系が重畳たる山塊となって「いちき串木野市」を抱きかかえ前方に伸び、西端の岬「天狗鼻」で東シナ海に落ち込む。その先には甑島列島が島影を浮かべるという大パノラマとなって広がる。

「海幸山幸」の神話は「海と山」の象徴として捉えられるが、奄美でも、先日（9月28日）、龍郷町秋名で国の重要無形文化財である新節行事のショッチョガマと平瀬マンカイが執行されたばかりだ。早朝の山腹での「ショッチョガマ」と、同日夕刻の海辺での「平瀬マン

カイ」も「山と海の象徴」としての解釈がなされている。

さらに論を進めて、「山と海との双分性」を持つ沖縄の[*2]シヌグ・ウンジャミとの共通性について観察した小野重朗は、特論であるところの「同一根源説」並びに「シヌグ先行説」の仮設を立て、それは秋名の二大行事にも共通しているとして「ショッチョガマが平瀬マンカイより古い行事」と推論している（「与論島のシヌグとウンジャミ」『南日本文化』七鹿児島短期大学南日本文化研究所編　1974年）。

ここで論じられていることを分かりやすく言えば、沖縄と奄美の「シヌグ」「ショッチョガマ」と、「ウンジャミ」「平瀬マンカイ」を並べて解釈し、論考・論究しているということだ。特に馬淵東一は、沖縄の「シヌグ」では、山中において「陸上ボート」「陸上の船こぎ」の儀礼が行われると指摘している（「琉球世界観の再構築を目指して」1968年）。

従って、このような観点からすれば、秋名のショッチョガマで小屋を揺さぶり倒すのは、「陸上ボート」「陸上の船こぎ」として見ることもできるのだ。

次に、小屋を揺さぶり倒すときの掛け声「ヨラ！メラ！」の謎だが、これは古くは「ヨレ！モレ！」と言っていた。古来、南島では、「豊穣世」のことを「ユ」と称しており、沖縄のお祭りでは、豊穣世を呼び込むのを「ユンクイ」と言っていた。つまり、「(豊穣世)ユ・乞い」である。「豊穣世よ、いらっしゃい」を奄美方言で唱えれば「ユュ！ゥモレ！」（奄美の方言では「いらっしゃい」の意味を表す言葉は「ウモレ」である）となりはしないだろうか。

長い間には呪詞は原型を留めずに音便化してしまうものだが、後世では理解不能となる方言も枚挙にいとまがない。

ところで、私が初めてこの祭りを見たのは昭和55年のことであった。私は当時からショッチョガマの小屋倒壊時の掛け声を、このように豊穣世を呼び込む「ユンクイ」と考えていた。秋名在住の中田一男さんは、私も加入していた地域研究団体「龍史会」メンバーであったが、前夜から一男さん宅に待機して徹夜で語り明かし、当日早朝のショッチョガマに案内していただき、一緒に見学した。小屋を揺さぶる様子を麓から見上げて聞く、掛け声の「ヨラ！メラ！」は、やはり「ユュ！ゥモレ！」と、私には聞こえたのだ。古い掛け声の「ヨレ！モレ！」の謎解きではある。

「民俗学」は単なる記録ではなく、「解釈し記述する謎解きの学問」であり、「問いとしての学問」なのだ。

秋名の新節行事にはさまざまな研究がある。

おおまかに分けてみると、先に述べた「山と海の双分性」「沖縄のシヌグ・ウンジャミとの共通性」をはじめ、「稲魂を招く祭祀儀礼」「稲作以前の焼き畑・漁撈儀礼の変形」などだ。それに、南海を臨み黒潮打ち寄せる「神渡海岸」と、笠沙田（加世田）地域一帯の物語だが、阿多神話の中心部をなす「海と山」の象徴としての「海幸山幸」は、奄美・龍郷町秋名の二大新節行事といかなる共通基層を持っているのか。小学生時代、あの、厳しくも優しい相徳先生から教わった「海幸山幸」は、今も壮大なロマンとなって私にさまざまな「謎」を問いかけている。

（付記）連載当時には、資料収集の過程では管見のために知らなかった事実も、今回の出版の確認作業で、判明した事柄があり、その一つに、ショッチョガマの小屋に向かうときの唱えごとに「船を出そう、船を出そう」と叫んでいたという事例を『奄美大島物語』南方新社（文英吉著・2008年・増補版）に見いだした。著者は「稲の祭りに、どうして「船」を叫んだのであろうか」と疑問を呈している。昭和32年に逝去なされた先学に、私のこの作業仮説を是非とも聞いていただきたかったと悔やまれてならない。この事例を先に私が知っていて、「奄美・秋名ショッチョガマの儀礼構造—潮間帯の民俗としての象徴—」（「日本民俗学」159号、日本民俗学会　1985）の論文を書いていたなら、立派な演繹法による証明となったであろう。奇しくも、今回の出版にあたっての確認作業の中で知り得た事例なので、客観的には帰納法的証明となったのである。ショッチョガマに海の要素を抽出するという私の論文にとっては強力な補強事例であったからだ。

＊1　新節行事
奄美大島で、現在でも毎年旧暦8月初丙（ヒノエ）の日に行われている行事。「夏正月」とも呼ばれる「アラセツ」のあとに続いて行われる「シバサシ」壬（みずのえ）、「ドンガ」甲子（きのえね）の3つ繋がりの行事を「三八月」（ミハチガツ）と称している。特に龍郷町秋名集落では、当日の早朝に「ショッチョガマ」があり、夕刻には「平瀬マンカイ」が執行される。この二つが対になっており、「秋名のアラセツ行事」として、昭和60年に国の第10次重要無形民俗文化財として指定された。

＊2　シヌグ・ウンジャミ
沖縄の各地（奄美群島の与論島を含む）で行われている祭り。実修内容・実施時期は地域によりバリエーションがあるが、シヌグは男性中心で、ウンジャミは女性中心であることが強調されている。

稜線から登る暁光とショッチョガマの倒壊の瞬間。

15

安曇野と奄美、隼人舞（中）

南海日日新聞掲載紙面。２００９年（平成21年）11月4日

「ショッチョガマが平瀬マンカイより古い」「この二つの行事は同一根源を有する」と、小野重朗先生は述べられた。この仮説に則した話をしたい。

平瀬マンカイがショッチョガマから分離したのは、恐らく、稲作と稲の税収を琉球王朝が行ったころのことで、王の姉妹である聞得《きこえ》大君《おおきみ》（チフジンガナシ）を頂点とする女性祭祀集団であるノロ組織のヒエラルキーが確立して以後であろうと思われる。従って、それ以前のショッチョガマには、もともと「海と山」の生業である漁撈祭祀と焼畑・狩猟祭祀が含まれていたことになる。

私が「海幸山幸」の神話を最初に聞いたのは、加世田小6年担任・相徳良章先生（後の加世田市教育長）の「郷土クラブ」の時間だった。日本神話の天皇家誕生の話がこの「海幸山幸」から始まっているのは周知の事実だが、琉球でも「海と山」の二項対立は王朝の確立期だったことになる。

つまり、稲作儀礼を司るノロ組織の末端が奄美に配置され、稲種をもたらしたとされるニライカナイに向かい祈る「海の祭」となり、ショッチョガマから分離したが、それまでは、ショッチョガマに「海と山」双方の祭祀が共存していたのだ。

それでは、現在は「山の祭」とされている「ショッチョガマ」の中に、はたして、海の要素が含まれているのだろうか。以下、この祭の祝詞から、海の要素を抽出してみたい。アラセツの日の早朝、男衆がショッチョガマへの斜面を登り出すと鳴り響いていた太鼓がその音色を変え、ひときわ高く聞こえ始める。小屋の上で鼓に合わせた祝い歌を広大な秋名田袋に向かって唄い踊る男衆の中にグージ（宮司）が、羽織袴の正装で登場する時分には暁光もあたりを照らし始めている。

グージは先に登っている多くの男衆をかき分け小屋の頂上へたどり着くと2本の支え柱（親柱）の上にそれぞれ神酒を3回ずつ盃でかけて捧げながら唱える。

「今日の新節の日にショッチョガマを祝いてぃおしょうろ。笠利の屋仁佐仁田袋ぬ稲魂加那志、秋名田袋に満ちんひちくりとうり。西東ぬ稲魂加那志、伊津部田袋ぬ稲魂加那志、秋名田袋ち、満ちひちくりんしょうり。西ん風ぬ吹きょうりば上畦枕。南風ぬ吹きょうりば下畦枕。尊加那志。尊加那志」グージは祈りが済むと早々にショッチョガマヤシキから引き上げてしまう。男衆は、この後小屋に乗ったままで調子を合せて揺すりをかけ、押し潰して壊すという、この行事の最も高揚した場面を迎える。

この祭の祈詞を「南島雑話」の巻4祭祀暇日の項の「知彌賀麻」の中に見てみると、「ヘイヘイ西ノニヤタマ、東ノニヤタマ伊津部田袋真中引付テ、ヲッサレトヲ。（中略）阿ノ子ノ『鯨アンシャハ』花カアヘヲ」と記されている。

さて、「鯨アンシャハ」についてだが、「奄美史談」（都成植義著　名瀬市史編纂委員会刊　1964）の第4章拾遺第8の「志知也架麻」の説明部分には、「屋根ノ上ニ登リ『クジラワンサバ』タツヒライト云ヒツツ、口ニ白酒ヲ含ミテ噴キダスコト三度ニシテ止ム」とある。

実は、この「クジラワンサバ」は、新造船の進水式の祈詞に出てくるもので、「タツマキ、ツチマキ、『クジラワンサバ』、イキョオチタボンナ」と言っていた。タツマキ、ツチマキは、竜巻の重畳語で、「竜巻や『鯨ワンサバ』に行き会わせてくださいますな」との祈願なのだ。

古来、サメのことを南島ではサバと称していて、「ワンサバ」は「ワニザメ」の意となる。現在の秋名ショッチョガマの祭祀には、「クジラワンサバ」という海を暗示する語を山の男性祭祀儀礼は含んでいたことになる。沖縄の男子の山祭であるシヌグの中のヤーハリコという新造船の船下ろしを擬した儀礼からも、ショッチョガマの重層化した観念を透かしてかつての漁撈祭祀集団の姿が浮かび上ってくる。

このように、ショッチョガマの小屋とその倒壊は、「陸上ボート」「陸上の船漕ぎ」、そして「船下ろしを擬した儀礼」と見ることもできるのだ。

ショッチョガマが現在唯一残っているのは、秋名の「カネク地区」だけだが、昔は「サト地区」と「アガレ地区」でも行われ、お互いを見渡しながら競って小屋を壊したものだったし、他地区でも、有屋、浦上、大熊、芦花部、嘉渡、有良等でショッチョガマが実修されていた。

さて、つい先日のことだが、「父から、当時の加世田小郷土クラブの話はよく聞いていました」との連絡が、相徳先生のご長男の相徳和義氏（元加世田常潤高校校長）から、懐かしい相徳先生のお写真と共に届いた。

ショッチョガマの小屋の倒壊の前に、グージが小屋の頂上に上がり唱え口と祈りを捧げる。

16

安曇野と奄美、隼人舞（下）

南海日日新聞掲載紙面。２００９年（平成21年）12月3日

神話と伝承それに祝詞にある「潮の干満」の話だ。

私が通った加世田小学校の修学旅行は霧島であった。韓国岳を望む大浪池へ宿泊先の旅館から登山道を歩いてたどり着き、桜島や両半島を、担任の相徳良章先生（後の加世田市教育長）の説明を受けながら見渡した。

日向神話の「天孫降臨」では、ここ霧島の地に降り立った邇邇芸命《ににぎのみこと》が南下して、加世田（笠沙田）の木花佐久夜毘賣《このはなさくやひめ》と結婚し「海幸山幸」を産むことになっている。この「海幸山幸」の「幸替え」の話で、弟・山幸が兄・海幸を洪水を起こして懲らしめたのは、「稲田」が舞台であった。そのことを、古事記にはこう記している。

「然してその兄、高田を作らんば、汝命は下田を営り、その兄、下田を作らんば、汝命は高田を営り」さらには、「もし、……攻め戦わば鹽盈珠《しおみつたま》を出して溺らし、もし愁い請さば、鹽乾珠《しおひるたま》を出して活かし」

この文章の中で際立つのは「If～Then構文の突出」と、「稲田の上下の観念」だが、実は、国の重要無形文化財の奄美・龍郷町秋名のショッチョガマのグージの祝詞にも、これが存在しているのだ。

つまり、「伊津部田袋ぬ稲魂加那志《いなだまかなし》、秋名田袋ち、満ちひちくりんしょうり。西ん風ぬ吹きょうりば上畦枕。南風ぬ吹きょうりば下畦枕」と。このように、古事記の「海幸山幸」の記述と酷似しているのが分かる。

さて、古事記ではその際に用いたのが、山幸が陸上へ帰る際に懐中宮殿の美女・豊玉毘《とよたまひ》賣《め》の父・海神の大神からもらった「鹽盈珠（潮満玉）」と「鹽乾珠（潮干玉）」の二つの玉・干満珠《かんまんじゅ》であった。

この干満玉珠は、「海中洞穴」に住み、全身に「カキ・ヒシ」が張り付いた醜い顔の「安曇の磯良《いそら》」という、海水の「満潮干潮」を意のままに操る日本神話の中でも特異な海人の特有物であった。

一般的には、秋名の二大新節行事は、ショッチョガマも平瀬マンカイも共に「稲作儀礼」と従来は解釈されてきたが、小野重朗先生の「同一根源節」と「ショッチョガマ先行説」を敷衍してゆけば、ショッチョガマには、稲作以前の祭祀儀礼がもともと含まれていたことになるのだ。秋名＝アキナ＝の地名解釈にしても、「キナ」が、焼き畑の古語である火野＝ケノ＝系地名として説明され、焼き畑儀礼の存在が見えてくる。

ところで、山下欣一先生は、秋名での二種型の「穂落とし神伝承」を報告されている（「奄美説話の研究」山下欣一著　法政大学出版局　１９７９）。その中の類型①を紹介するとこうだ。

「シマクダマルが天から降臨して島を作ろうとしたが大波が来て作れず、海から来た神が石を置けばよいといったので島の先端に石（立神）を置いた。シマクダマルの子が田んぼを作ろうとしたが、今度は大雨が降って作れない。すると天から福神が降りてきて持ってきたゴユという草の種を播き田の畦に植えたので田ができた。それから荒神が盗んできたネリヤからの米の種をもらったシマクダマルの子が、これを播いて立派な稲ができた」

ここでは、もう一つの類型は省略したが、両類型は、一見しただけでは稲作儀礼の説話となっている。ところが、大林太良は「東アジアにおいては、穂落とし神伝承は水稲耕作に先行する焼畑穀物栽培、元来は粟類の栽培に結びついていた」と述べているのだ（「稲作の神話」大林太良著　弘文堂　1973）。

つまり、秋名の「穂落とし神伝承」は、二大新節行事の「稲作儀礼に伴う伝承」というより、双方が分離する以前のショッチョガマが担っていた「焼き畑儀礼に伴う伝承」なのである。さらにこの伝承の両類型で繰り返し強調される「高潮・洪水モチーフ」は、「海幸山幸」の「安曇の磯良」の「干満玉」の思想である。

古くから隼人族は「隼人舞」を朝廷に奉納していた。その舞は、山幸により引き起こされた「高潮・洪水」の押し寄せる様を「膝から腰そして肩」へと両手で表現していた。大林太良は「この『隼人舞』のもとには、中国浙江省の潮神節での人々の海中の洞穴に住む安曇の磯良の舞に繋がるもの」とした（「日本神話の構造」大林太良著　弘文堂　1975）。

このような、「安曇の磯良」の海洋の思想は、日本海の信濃川を遡って日本列島内陸部中央の北アルプスに抱かれた「安曇野」までたどり着く。元来、「安曇野」の読み方は「アマズミノ」であった。私のショッチョガマの謎解きではある。

鹿児島県庁玄関ロビーの「隼人舞」の像。左下は安曇野。海中の「安曇の磯良」の思想は「海と山の双分性」として信濃川を遡って日本列島中央の安曇野にも繋がる。

ところで、大浪池で生徒と一緒に下界を俯瞰させた相徳良章先生のご長男相徳和義氏は、加世田常潤高校校長を昨年3月に定年退職後、現在は鹿児島女子高校に勤務されておられると、同校校長で前県立図書館奄美分館長の有馬秀人氏から連絡があった。

奄美の精神世界

日光感精

星空マンダラ

写真提供者：稲光政氏

第4章

奄美は祭りの島であるだけでなく、女性を尊敬するという文化を擁する島でもあります。

その文化は、基層を形成する民俗行事や神話・伝承・口碑・ことわざ・民謡によって支えられていて、現在でも継承されて生きています。

また、奄美の方言は、古い京ことばのなごりを残した雅《みやび》なものであることは言語学的にも証明されているところです。

政治の中心部からは僻遠の周辺部とされる南西諸島に位置する奄美群島ですが、その文化は日本の古層を色濃く残した稀有《けう》な地域とも見なされているのです。

それは、世界自然遺産指定の国際的にも誇れる環境の中で育まれた文化なのです。

決して、かつての島差別の対象となった愚昧《ぐまい》で遅れたものではなかったのです。

祭りを司るのは、ノロやユタと呼ばれる女性です。

また、家族や親族の名称を対にして並べる場合にも、女性が先になって呼ばれています。夫婦の場合は妻が先になり、「トウジュトゥ」(トジ「刀自」:ウトウ「夫」)と呼んでいます。奄美の方言では「妻」のことを「トジ」と言いますが、これは我が国の古事記・日本書紀・万葉集にも見える妻を表す古語の「刀自」なのです。

このように女性が先になり、兄弟は、女の方の「ウナリ」が先で男の兄弟「エヘリ」が後になり、「ウナリ・エヘリ」。祖父母も、「アンマ・ジュウ」と言います。

世界的にもイギリス紳士はフェミニストとされていますが、女性を尊ぶ文化から見れば、奄美は太古からフェミニストの島なのです。

日本の古文化の古語にも通底し、舶来思想にも劣らない女性を尊敬するという優れた精神文化の島こそ奄美なのです。

ところで、この章の中で、私の命名した「アマネシア」の根幹に介在する女性原理は、「アマミキョ・シネリキョ」の奄美創生神話に起因しています。

奄美の歴史研究のバイブルとされる「大奄美史」（昇曙夢著　奄美社刊　１９４９）を著した昇曙夢は、「アマミキョ」の始祖神の名称について、このように述べています。

「奄美大島の名称に就いて言えば、古くは阿麻弥《あまみ》（古事記）と言った。阿麻弥は奄美（国史略）又は海見（日本書紀）とも書く。阿麻弥の名は開闢《かいびゃく》の女神と伝えらるる阿麻弥姑《あまみこ》から起こり阿麻弥姑は天孫《あまみこ》から出ていることは一般に認むるところである。」

と。

さて、台湾の先住民が「高砂族」であることも夙《つと》に有名ですが、国内において、天孫降臨「アマミキョ・シネリキョ」の神話を現存させ、なお且つ「天孫族」を名乗っているのは、ここ「アマネシア」たる奄美群島のみなのです。

また　平塚らいてうの「元始、女性は太陽であった」の言が表すように、我が国の高天原神話《たかまがはらしんわ》の天照大御神《あまてらすおおみのかみ》は女性神です。

このように、奄美大島の創生神話でもアマミキョ（天孫子《あまみこ》）は女性神が始祖の神話なのです。そしてアマミキョ（天孫子）が降臨したのは、現地・奄美では大島本島南部の最高峰である湯湾岳であると伝えられています。

日本神話での天孫降臨においては、霧島に瓊瓊芸命《ににぎのみこと》の男性神が降臨したと伝えるのに対して、奄美では始祖神・アマミキョ（天孫子《あまみこ》）の女性神の降臨となっています。

神武天皇誕生の神話の場所が「笠沙神話」の残る薩摩半島南西部地域ですが、ここには「神渡海岸」と称されている黒瀬海岸があります。

霧島に天孫降臨した瓊瓊芸命《ににぎのみこと》が天降川を下り、錦江湾を船で通り神渡海岸に上陸するという話になっています。

ところが、奄美創生神話では、瓊瓊芸命《ににぎのみこと》に比定さるべき神がいて、その神が大島を船出する話となっているのです。

湯湾岳に天降りた「アマミキョ・シネリキョ」と並び称される奄美創生神話の始祖神は「アマミキョ」と、その名の下に対になって呼ばれる神である「シネリキョ」がいます。

この二柱の神については同一神であるとか議論がなされているところですが、「シネリキョ」については私は以前から笠沙神話に繋がる瓊瓊芸命《ににぎのみこと》に比定して捉えているところです。

船出にあたり、船を繋いでいたのが、私の故郷の「津名久」の地名の語源であり、本土・大和に向けて船出したのが「大和浜」だとは昔からの伝承であり、現在でもそのような説明を聞くことができます。

私は、ここで、奄美創生神話の「シネリキョ」と日本神話の「瓊瓊芸命《ににぎのみこと》」を同一とする考えを述べましたが、これはもう既にどなたか碩学《せきがく》によって唱えられている説かもしれませんが管見のため確認できていません。

「シネリキョ」が言語学的に「ニニギノミコト」と音韻的に共通することが可能なのかは、今後の残された研究課題ではないかと思っています。

このように、奄美と日本の神話を並べて述べたのには、実は、私なりにある思いがあってのことなのです。

明治新政府が統一国家を目指す過程にあって、特に日露戦争を前にした国内の潮流は「国内劣等少数民族排他論」が惹起《じゃっき》して、奄美出身者への言われない島差別が鹿児島県本土でも見られていました。

もちろん、現在では全くそのようなことは存在しませんが、当時は県都・鹿児島市などの店には「島人立ち入りお断り」の札が掲げられた事例があったのです。

このような奄美出身者へのいわれなき差別は、日清、日露戦争の後に総督府のもとに統治下となった台湾や朝鮮の国外の国民が日本の皇軍の兵役に就く軍事態勢のもとで影を潜めていきました。

皇軍の中で、このような差別は統制を混乱させるものであり、すべて「臣民」に組み込まれ収斂《しゅうれん》していかざるを得なかった背景があります。

確かに、奄美出身者の人口は現在でも少数には違いありませんが、「アマミキョ」の天孫降臨の神話を誇りとしてきた、「天孫族」である奄美の先人にとっては「劣等」なぞでは決してなくて、むしろ、平和主義の女性原理を体内に蔵し、雅《みやび》な京言葉を方言に残した「優等」な地域であることとなり、排他されるどころか、「アマネシア」は日本文化の中心を形成する精神的電源地たる地域だったのです。

雅《みやび》な京ことばで歌い上げられる深甚な精神世界の「生命の宇宙」を織り込んだ「奄美民謡（シマウタ）」は、現地奄美に来島すれば、「シマウタ」がその優れた自然と分離不可分に一致したものであることを必ずや体感することと思います。

世界自然遺産の奄美の島を覆いつくす亜熱帯の緑滴る植生の繁茂する、むせかえるような草いきれのただ中に身を置けば凡愚の我々にも何かしらの感動を覚えずにはおれないはずなのです。

閑静な森のおくがに、ひとたび立ち入って、五感を研ぎ澄まして瞑目すれば、誰人にもきっと、周りのすべての生物や岩石そして流水のつぶやきが発する強いメッセージと、その優しく細やかないくつもの綾なす深い「ひだ」が感得されるはずなのです。

このように、「アマネシア」の世界自然遺産の優れた自然によって醸成された奄美の精神文化の深層に脈打つ、始祖神「天孫子《あまみこ》」の無言のメッセージが、極めて重要な世界に向けて発信すべき価値あるものを蔵しているのをお気付きになると思うのです。

間違いなく「ユートピア」の基本となる平和主義は女性原理なのですから。

アマネシアである奄美の始祖神の女神・アマミキョは、他国の「ディストピア」の上に成り立つ自国の「平和」など、決して望んではいないのです。

奄美の始祖である女神アマミキョの創世神話を有する「アマネシア」には日本古代文化の基層を形成した諸相が内包されており、私はこれを「奄美文明」と名付けています。既に「黒潮文明」という「花綵列島第4弧群」への名称が存在しますので、その中でもここ「アマネシア」の諸相の総体を「奄美文明」とする提案なのです。アマネシアの諸相の「文化」が総体としてまとまって、ここが「奄美文明」と呼ぶにふさわしい島嶼《とうしょ》空間を形成しているからです。「奄美文明」は北の武家文化と南の王朝文化の中間にあって、始祖アマミキョの地底での鼓動が絶え間なく脈打つのをシャーマンによって地表に呼び出されて沸き出し、天空へと発散される庶民文化に花咲いた文明なのです。

奄美の精神世界

竜宮説話

水中楽園

写真提供者：稲光政氏

17

昭和30年ごろの南薩鉄道（上）

南海日日新聞掲載紙面。２０１０年（平成22年）１月８日

名瀬から転居したころに走っていた鹿児島の「南薩鉄道」のことを話したい。

当時、加世田駅の南には上加世田駅との間に加世田トンネルがあった。これは、竹田神社を抱く山系によって市街地が二分されていたための隧道である。竹田神社に隣接する麓地区には恩師・相徳良章先生（元・加世田市教育長）が住んでおられた。

ところで、薩摩半島西岸には南北に弧を描くように伸びる日本三大砂丘の一つ、吹上浜がある。そして、吹上浜に並行して走る伊集院駅から南端の駅・枕崎までの鉄道が私鉄の南薩鉄道であった。

奄美の復帰前、少年期の私が抱いていた本土への憧れには蒸気機関車も含まれていた。名瀬から鹿児島市に着いてすぐ、親戚のお姉さんに連れられて鴨池動物園を見物に行った際に乗った路面電車ももちろん珍しかったが、西鹿児島駅から乗ったＳＬは乗り換え駅の伊集院から南薩鉄道の枕崎行きとして南下する初めての汽車旅であった。

南薩鉄道の中心駅としての位置を占めていたのが加世田駅だった。加世田は蛇行する万之瀬川によって火山灰地が浸食されて形成された市街地である。私が加世田小5年のときに、私ども家族は市街地から離れて上加世田地区にまず暮らした。

父の職場・加世田警察署が手配してあった家はどっしりとして広く、高い床の土間付。典型的な鹿児島の田舎の農家であった。20㍍ほどのところには線路と踏切があった。

鹿児島に来る前に私が憧れていた汽車はすぐ近くで毎日見ることになった。汽車だけでなく、煙を吐かないディーゼル機関車も走っており、通るたびに聞こえてくる警笛と、規則的に地面の奥から響いてくる線路の律動音、それに燃料や煙のにおいが家の中まで飛び込んで来た。

これはそれまで暮らした奄美では味わえない感覚であり、少年期の私はこの人工的な「文化」に少なからず興奮したものだった。確かに、幾度も乗ったことのある「金十丸」のエンジン音も幼いころから身に染み込んでいたのだが、大地と連動した陸上交通機関の響きとは少し違うものであったのだ。

さて、この上加世田地区のことだが、加世田市街地を貫流する万之瀬川の上流に位置していて、先述した竹田神社を抱く山塊によって市街地から隔てられた一角にあり、周囲のシラス台地が河川により削り取られた、ひとまとまりの狭い地域である。

これが、今になって思うことだが、実に「コンパクトな空間」で、鉄道の主要なパーツがそろった面白い場所なのだ。竹田神社の手前には加世田中学校があり、その背後には加世田駅との間の加世田トンネルがあった。その手前が上加世田駅で、そのこちら側には万之瀬川の支流にかかる鉄橋があるのだ。最近はやりの鉄道マニアならずともこのミニ「鉄道箱庭」の配置には誰もが興味を示すと思うのだ。

これらが、自宅の側の踏切から順に並んで間近に見渡せた。私は、警笛が近付くと踏切へ行き、通過する汽車やディーゼル機関車を眺め、その「生物的息づかい」の「無機物」に夢中になった。

新学期が始まる前のことだが、母に加世田市街地での買い物を言い付かった。私は、汽車に乗りたいがために目の前の上加世田駅で切符を買った。駅員さんがいぶかしがったのも無理はない。歩けば20分ほどで着く中心街での買い物である。上りの汽車は1時間待ちなのだ。4～5回はこのようなことをしたと思う。おかげで駅員さんとは顔馴染みになり、いろいろ教えてもらい、かえって友人よりも奄美から来たばかりの私の方が詳しいものも多くなっていた。

その南薩鉄道も今は廃線となってしまった。鉄橋が架かっていた上流には竹林に囲まれた小川があり、奄美と同じような洗濯場では、おばさんたちが情報交換をしていた。トイレも汲み取りで、薪で飯を炊いていたころ、汽車だけが文明の香りをにおわせていたが、実は、鉄道線路の枕木は奄美から取り寄せたものであったことを知ったのはずいぶん後になってのことである。

さて、加世田小学校児童会長をしていた私の弟も恩師・相徳先生に担任をしていただいたのだった。ラサール中学受験のために友人4人を誘っての夜間の受験勉強をした、相徳先生のご自宅は竹田神社近くの麓地区にあった。その結果、5人そろって合格したのだが、弟のラサール中1年担任は佐藤隼人先生（現ラサール学園理事長）で、最近、弟の在学中の様子についての連絡が取れ始めたばかりである。弟が亡くなって今年は8年目にあたる。

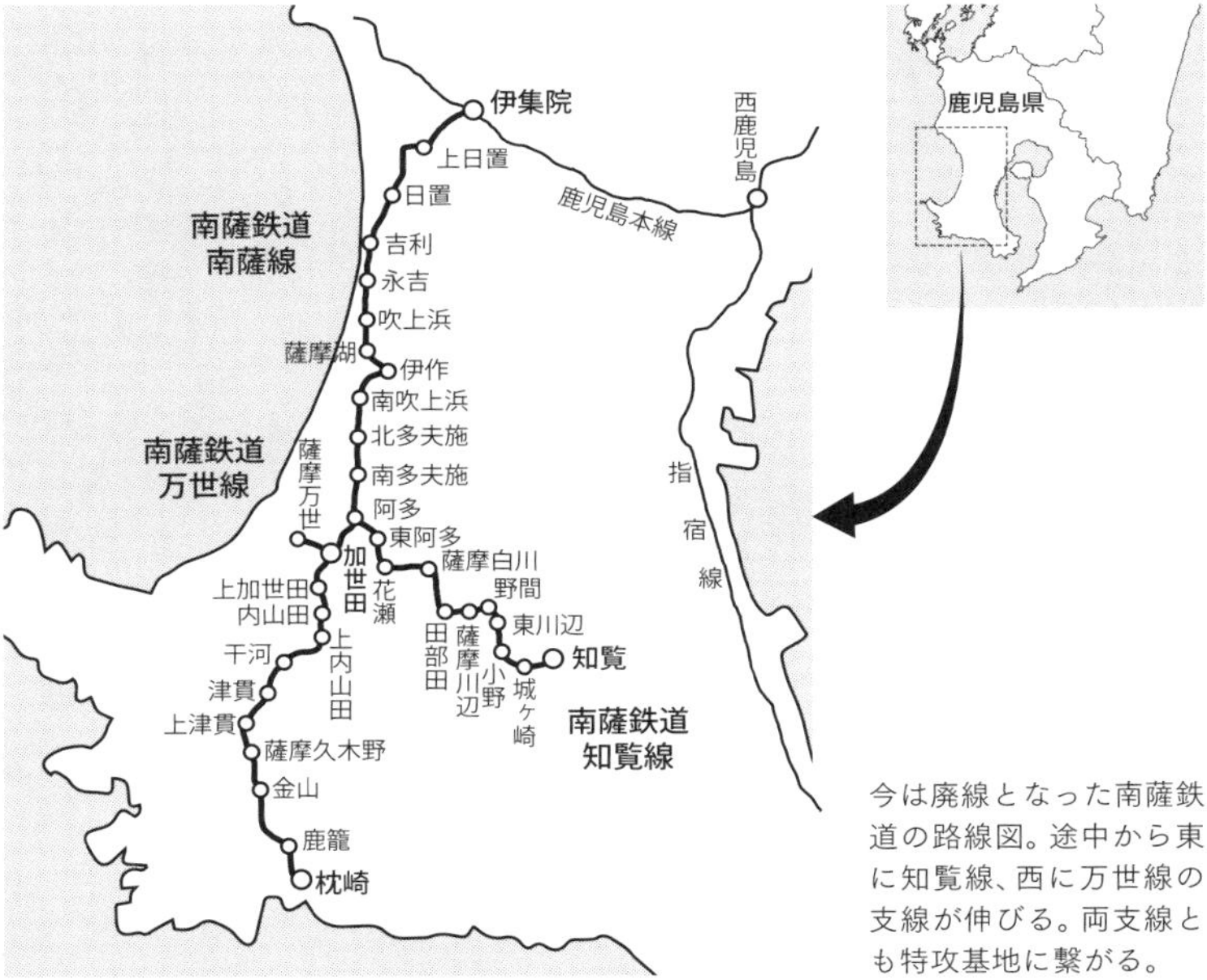

今は廃線となった南薩鉄道の路線図。途中から東に知覧線、西に万世線の支線が伸びる。両支線とも特攻基地に繋がる。

18

昭和30年ごろの南薩鉄道（中）

南海日日新聞掲載紙面。２００９年（平成21年）５月14日

「南薩鉄道」が戦後の鹿児島県薩摩半島南部で果たした役割についての話だ。

私ども家族が名瀬から転居して最初に住んだ上加世田地区から中心街の加世田・本町まではほぼ一直線の道で歩いて行く。上加世田駅・加世田中学校を左に見て通り過ぎると、小川沿いの河岸道となる。

竹田神社の六月灯で武者人形のからくり水車を回す小川は、鳥居を左にして恩師・相徳良章先生（元・加世田市教育長）が住んでいらした麓地区と、万之瀬川河畔の独立丘の間を通る。この独立丘が別府城跡の加世田小学校で校門の急傾斜の長い石段下の河岸道が本町へと抜けていく。

本町に入ると河岸道の右に、後に通うことになるそろばん塾（旧加世田警察署の木造庁舎跡）があった。さらに歩を進めると、「本坊酒店」の店舗があり、南薩鉄道の中心駅としての加世田駅に至る。駅のホームからは上り方向の前方左手に線路沿いの「池田製菓」が見て取れた。

私ども家族は３カ月ほどで上加世田地区から市役所近くの本町の市営住宅へ転居した。川辺線のバス道路である県道と万之瀬川の高い堤防に囲まれた一角にあって、堤防沿いに

1列に並んだ2所帯続きの2棟の市営住宅である。隣の市営「野菜市場」からは、毎朝威勢のよいセリの声が聞こえ、県道の向かい側には市役所と道路に面した二つの町工場の鉄工所があった。とにかく、戦後の復興の息吹に満ちた界隈に少年期の私は取り囲まれた形になったのである。

私たちの家の玄関を出るとそこはもう1棟の住宅との間にある中庭で、片隅にポンプがあった。

ポンプの囲い壁の向かい側に料理屋があり、壁のこちら側でも住宅の隣組で酒宴を開くことがあり、私は時折、焼酎を買いにやらされた。

買いに行くのは本町地区にあった本坊酒店である。本坊酒店で販売されていた酒は実は加世田駅と枕崎駅の中間に位置する津貫で製造されたものである。

幕末の薩摩藩の密貿易湾坊津に貫ける場所としての地名を有する津貫だが、南蛮渡来の蒸留技術で生産される販売用の焼酎の工場がこの地にできたのは明治中期のことだ。

津貫駅から焼酎工場への引き込み線からは燃料となる石炭が搬入され、製品の多くは北九州へ積み出されていた。これが、現在県内有数の焼酎メーカー本坊酒造の当時の姿である。原料はカライモと米であった。

また、私の家事手伝いの一つに、安い「パンのみみ」を池田製菓に買いに行くことがあった。池田製菓についてだが、加世田駅跡に「南薩鉄道記念館」を立ち上げ、初代館長でもあった有木道則氏から次のようなお話を伺った。

「父が南薩鉄道に勤めていたが、父の同僚に、奥さんが池田製菓を経営していた方がいた。

退職後に、幾人かの同僚に呼び掛け退職金を元手にし、それまでの製粉製麺店舗を、工場でのパン製造に切り替えた。現在、県外まで拡大したのは、経営形態が変わったとはいえ創業者のおかげでもあると思う」と。これが現在のイケダパンである。

津貫の本坊酒造も加世田・地頭所の池田製菓も南薩鉄道沿線にあった。そのころの物流を担っていた南薩鉄道が加世田の企業拡大に一役買っていたことになる。

次に、私が小学6年の夏休みに通ったそろばん塾のことを述べたい。開講日初日に、あいさつに立ったのは若い青年教師であった。気迫に満ちた声と、ぐるっと私どもを一瞥した瞳が今でも忘れられない。ワイシャツの袖をまくり上げた姿が溌剌としてすがすがしかった。

私が通ったのは夏休み期間だけだったが、後にそろばん塾は「南薩高等商業学校」となり、「加世田女子高校」として衛生看護科を設置。さらには加世田自動車学校を併設して現在の「鳳凰高校」に発展した。

先日、鳳凰高校理事長の西浩二氏から、創業者であり父親でもある西敏先生が開設したそろばん塾以来の事績についての資料が郵送されてきた。私の記憶にあるあの溌剌とした青年教師こそが創業者の西敏先生であった。

ところで、加世田は「いろは歌」で有名な日新公ゆかりの竹田神社を擁する文化都市・教育都市である。現在、南さつま市には、その市街地に三つの高校がある。県立の加世田高校と加世田常潤高校（旧・加世田農業高校）、それに、南薩の商業発展に寄与する人材育成を担った私立の鳳凰高校である。このようにそのころの加世田は後に大きく育つ鳳雛《ほうすう》としての企業を育んだ揺籃の地であったのだ。

南薩鉄道の中心駅が加世田駅であった。中央上部の写真はディーゼル機関車と共に運行していた蒸気機関車。

19

昭和30年ごろの南薩鉄道（下）

南海日日新聞掲載紙面。２０１０年（平成22年）３月３日

復帰直後に私が移り住んだ加世田市街地を通る南薩鉄道は、枕崎からのオバサンたちの「かつおぶっしゃいんもはんかぁー」の懐かしい売り声を乗せて来たり、駅での金の卵の集団就職生の出発風景があった。そして戦時中には駅前の壮行会で日の丸の旗が出征兵士を送り出していた。

ここでは、「森林資源」をキーワードに、「特攻基地」と「枕木」の面から戦中戦前の奄美との関連で南薩鉄道を見てみたい。

奄美の日本復帰を私は喜界島で迎えた。湾小学校2年のときである。沖に大島の島影を眺めながら、海岸部の通称「飛行場」と呼ばれる草原で、「焚き付け」となる草刈りをするのが私の家事手伝いの一つであった。古くから森林資源が少ない喜界島では、家庭用燃料の薪などが、対岸の住用・市の港から船で運ばれており、地元民は燃料確保にその苦労があった。

作業の手始めに、まずあたりの見渡し近くに放牧牛がいないのを確認する。その後、相撲の土俵ほどの広さに丸く草を刈る。中央に積んでおいた草が枯れたころ合いに自宅に担いで運ぶのだ。

当時の草原が現在の喜界空港で、戦時中には神風特攻隊の「中継基地」の飛行場があった。その詳しい事実を知ったのはずいぶん後になってのことだが、特攻基地として有名な鹿児島の陸軍特攻基地・知覧は、実は南薩鉄道の支線にあった。

伊集院から枕崎までの南薩鉄道には2本の支線があって、いずれも特攻隊基地と連結していた。加世田駅の北隣には、恩師・相徳良章先生（元加世田市教育長）に教えていただいた日向神話での木花佐久夜毘賣《このはなさくやひめ》にちなんだ名の阿多駅がある。海幸山幸の母神である木花佐久夜毘賣は、別名を阿多都比賣《あたつひめ》と言う。

阿多駅から東へ延びる知覧支線には、鹿屋の海軍特攻基地と双璧をなす知覧基地があった。高井薫平氏（元慶応義塾大学鉄道研究会会長）は、「阿多―知覧間の10の駅を有する薩南中央鉄道が戦時体制の国策で南薩鉄道に合併された」と述べる。もう一つは加世田駅から西へ伸びる万世支線で、こちらには知覧の補充基地として終戦直前に万世特攻基地として設置されている。だが、これらは軍事機密と連動した「鉄道」であったせいか、現在でもいくつかの「謎」が満ちている。

万世地区は加世田の西側に位置し、万之瀬川が吹上浜南部に流れ出る河口に開けた地域で、私の大浦から加世田高校への自転車通学の経路にあった。途中には砂に覆われた不思議な直線道路が小松原地区に延びていたが、ここには小泉純一郎氏と父・小泉純也氏の実家があり、近くに建てられた「万世特攻平和祈念館」へ純一郎氏は首相就任以前にも幾度か訪れていたもようである。

そして、私が今になって思うのは、例の小松原の不思議な直線道路は、もしかしたら、謎の一つにもなっている滑走路の跡ではなかったかということである。現在、「万世特攻平和祈念館」には特攻隊員の貴重な戦時遺品が展示され、屋外には、「よろづよに」の万世特攻慰霊碑が建つ。苗村七郎氏は特攻隊員の膨大な遺書遺品を網羅した『陸軍最後の特攻基地』（苗村七郎著　東方出版社　１９９３）を上梓されている。

次に森林資源の二つ目の枕木の話をしたい。私の故郷・大和村津名久は昭和初期からの枕木の積み出し港で、現在94歳の私の父も、若いころに枕木を山から担いで下ろした経験を持つ。南薩鉄道のオーナー・岩崎産業が、その後、津名久にチップ工場を建て現在に至っている。また、復帰直後の昭和30年代、私ども家族が名瀬から最初に移り住んだ上加世田地区の駅前の製材所からは、引き込み線で北九州向けの抗木（炭抗の抗道内の支え材）を搬出していたが、それ以前にはここでも枕木を作っていた。

周知のように我が国の明治以来の国鉄の鉄道網は、兵員と軍需物資輸送の目的を持つ国策によっており、それは全国津々浦々の私鉄にも課せられていた。津名久を含む奄美の積み出し港から運ばれる枕木は、日本国内だけでなく、遠くの満州にも運ばれていた。民俗調査の聞き取りにも、「カミヤマの木を切って満鉄に送った」などの証言が採集されている。満鉄（南満州鉄道）の枕木は国内線とは違い、広軌（広い線路幅）の長い枕木であった。

南薩鉄道は廃止されたが、枕崎駅は、今、ＪＲ九州の錦江湾や山川の海岸部を通る指宿枕崎線の終着駅である。薩摩半島の奥処《おくが》の、国策により南西諸島とも繋がっていた特攻基地や、枕木の歴史を秘めた「南薩鉄道」のさまざまな記憶が、新幹線時代の到来でさらに遠のく気がするのだ。

上の写真は「万世特攻平和祈念館」。南薩鉄道の加世田駅の支線万世線は終戦直前に開設された万世特攻基地に繋がっていた。下は、万世特攻基地の詳細を述べた苗村七郎氏の著作。

20

平和ボケと戦争ボケ

南海日日新聞掲載紙面。2010年（平成22年）4月7日

私ども家族が南薩の大浦部長派出所に住んでいたころの話だ。当時進んでいた西松建設の大型干拓工事の飯場を抱えた大浦部長派出所は、加世田警察署の野間池系統の幹部派出所であった。

7つの駐在所の一斉呼び出し電話がかかると、居宅と一緒にあった事務所へ駆け付ける。手回しの卓上電話のベルの長音と短音の組み合わせでそれぞれ駐在所が決まっていた。部長である父と通いの巡査さんが不在のときには、加世田警察署本署の連絡を家族が受けることになる。受けるだけでなく、地域住民から緊急の事件事故の通報があれば警察官ではなくても家族が本署へ急報していた。母もいない場合は、中学3年である私が、それをしていた。

一度は本署へ地区の火災発生連絡を私がしたことがあった。火災後に父の机上に広げられた火災現場の写真には、悲惨な手足の溶けた幼児の焼死体が写っていた。中国戦線の前線で死地をくぐり抜けた後に警察官になった父にとっては、死体は見慣れたものであったろうが、私には衝撃であった。

父がよくする戦争話には殺害遺体の様子もあるが、最後に必ず言うのは「戦争は狂気の

さただ」である。戦死者の遺骸を日常的に身近に見る父の過去の日々があったのは事実である。戦争の戦闘現場という過去だ。

私ども「大浦中13回生」は朝日新聞の追跡記事で「戦後の軌跡とぴったり一致した世代」と紹介されたように、成長の記録は戦後と共にある。父の世代とは隔絶しているのだ。私ども「大浦中13回生」が卒業の年、日本は60年安保闘争で中央は緊迫した社会情勢であった。だが、戦後に国家警察から「民主警察」へ移行したこともあり南薩の片田舎では毎日地域住民のさまざまな来客があって、さしずめ派出所は地域の「よろず相談所」のようで平穏なものだった。「おい、月給泥棒！」と、そのころ薄給であった警察官の詰める派出所に怒鳴り込んで来る酔客や、家庭の不満を持って来るオバサンなどが、よく来ていたものだ。巡回のため事務所が不在の場合には、当然、家族である中学生の私が応対に出ていた。

その中に今でも忘れられない「アキオさん」という兵隊上がりの人がいた。当時は戦地からの復員兵は珍しくなかったのだが、彼だけは、いつも軍服に脚半と軍靴を履き、人に会えば、「敬礼！」と言って右手を額に当てあいさつしていた。体格のよい彼の直立不動の姿勢は、出っ尻鳩胸の陸軍歩兵の模範型である。

縁側に座って話す「アキオさん」は、母親思いの普通の優しい農村の男だ。だが、戦後の平和時での彼の姿を周囲は「戦争ボケ」と笑った。半世紀が過ぎた現在、「戦争ボケ」ではなくて「平和ボケ」という言葉が巷間に聞こえ始めており、そのことに、私は強い違和感を覚えている。つまり、「戦争ボケ」とは、純真な農村青年を「赤紙」で戦地へ連れ出し、武器を持たせて殺人を強要し、正常心を失わせることにより発症するものだと思うからだ。

「殺し」と「殺人」のすべての技法が実践されるのが戦争の現場である。青年を「若武者」とおだてて前線で戦わせておきながら軍の上層部は生き残るわけだ。前線の兵士は単なる消耗品でしかない。命の奪い合いの戦闘の現場は、阿鼻叫喚の断末魔の地獄絵の、非人道極まりない殺し合いである。静かな南薩の片田舎の母親思いの青年の純真な気持ちが壊れたとしても、おかしくないのだ。

　狂気から陥る「戦争ボケ」よりも、よっぽど「平和ボケ」の方がよいと思う。戦時中の「軍国主義」の熱狂と、その犠牲ともいえる「戦争ボケ」。そして、戦争を知らない世代の増加と、「戦後の平和」が長期化するのを「平和ボケ」として揶揄嘲弄するベクトルはかつての熱狂と酷似してきている。

「治にいて乱を忘れず」は、平和だからこその論理だ。人類の英知と慧眼は、その最終のあるべき姿を導き出すことが可能のはずだ。

　恩師・大迫達郎先生に受け持っていただいた、私の大浦中13回生・3年い組の同級生に、最近連絡を取り合っている生田米吉君がいる。当時から老け顔で体格のよい友人だが、父親の戦死による母子家庭で、加世田高校に私と一緒に通学した仲間である。私ども世代には、戦争で父親や兄を亡くした遺族となり、「金の卵」の集団就職生として、中学卒業後に、都会の工場に行った者もいた。

　今年は、改訂日米安保条約＝日米軍事同盟＝の50周年にあたる。ところで、そのころ弟は、谷山のラサール中学校にいて大浦には住んでいなかったが、弟と一緒にラサールに合格した上床恒信氏（元鹿児島銀行代表取締役）から先日私信が届いた。

卒業アルバムより。大浦中3年い組の集合写真。上の写真中央が担任の大迫達郎先生。左が親友の生田米吉君、右が著者。この中の幾人かは卒業式を終えるとすぐに集団就職で都会に向かった。

21

三池争議と与論島出身者

南海日日新聞掲載紙面。２０１０年（平成22年）５月５日

昭和35年（１９６０年）の春のことだ。「大浦中13回生」3年い組の担任であられた大迫達郎先生に受け持っていただいた私どもが卒業式を終えて春休みに入った3月29日、福岡の炭鉱労働者が暴力団に刺殺されるという事件のニュースが報じられた。

幼いころから、真夜中に、「部長さん！　非常招集！」と、自転車で呼びに来る巡査さんの声で起こされるのには慣れていた私だが、このときは少々様相が違っていた。

出動する現場は、平穏な南薩の生活地ではなく、九州の北部・筑豊炭田である。復帰後に奄美から鹿児島へ異動になった警察官は多く、加世田警察署はそのルートの一つであった。父のほかにも森永さんや岡本さん、それに独身で並外れた大男の内山さんの奄美出身者がいた。その内山さんのような大男二人を背後に従えた体格の小さい父が両手で持った警棒を腰の前に構えてヘルメットの警備姿の三池闘争での記念写真がある。このときには鹿児島県警の警察官も総動員された。当時、我が国は石炭から石油へのエネルギー革命前夜にあり、炭鉱労働者の大量解雇が始まっていた。会社側の三井物産が三池炭鉱の労働者を「経営合理化」の名の下、「大量解雇」に踏み切ったのは奄美が祖国に復帰した昭和28年のことだ。「英雄なき１１３日間の闘い」と称されるストライキによって、会社側に指名解

雇を撤回させて労働者側が勝利を勝ち取ったことで三池労組は一躍その名を高めた。後の「三池争議」の序曲はこの昭和28年から始まっている。その、三井三池争議の労働者の中に、奄美群島出身者がいた。それも個人レベルではなく、与論島出身者という「集団」での話だ。奄美が祖国復帰の「熱い郷土愛」で燃え上がっていたときに北九州の炭田地帯でも同郷人の参加した「熱い労働運動」が戦われていたことになる。

そして、父が警備に動員された大牟田の現場にも同郷の「与論島」のシマッチュがいたのである。ところで、与論出身者の三池炭鉱への移住の歴史は１８９８年（明治31年）に与論島を襲った台風から始まっている。その後の大飢饉と食料不足の惨状に、島民は本土への移住を図った。翌１８９９年に九州は長崎県の口之津へ２５０名がまず移住した。それでも口之津は島原半島の南端にあるために遙か南方の故郷・与論島を偲ぶことのできる位置にあった。口之津の裏山の島原半島北部には有明海があり、対岸には三池炭鉱の積み出し港・大牟田が見渡せた。

ここから石炭が口之津へと海上輸送され、与論出身者は下級労働者として当時蔑視されていた「ゴンゾウ」と呼ばれる積出人夫や沖仲仕として口之津で働いていた。本土の労働者に比べ低い給料と、危険な作業を伴う長時間労働という差別的な労働条件であった。その後、家族を含め１，２２６人が移住している。大牟田に新しい港が開港したのが１９０９年で、この三池港にほど近い三池炭鉱構内の炭鉱長屋に、移住者のうち４２８人が再移住したのは翌１９１０年である。つまり、今年は与論島民の三池炭鉱（大牟田）移住百周年にあたるわけだ。貧しい生活レベル・言葉や風習の違いからくる差別的蔑視が彼

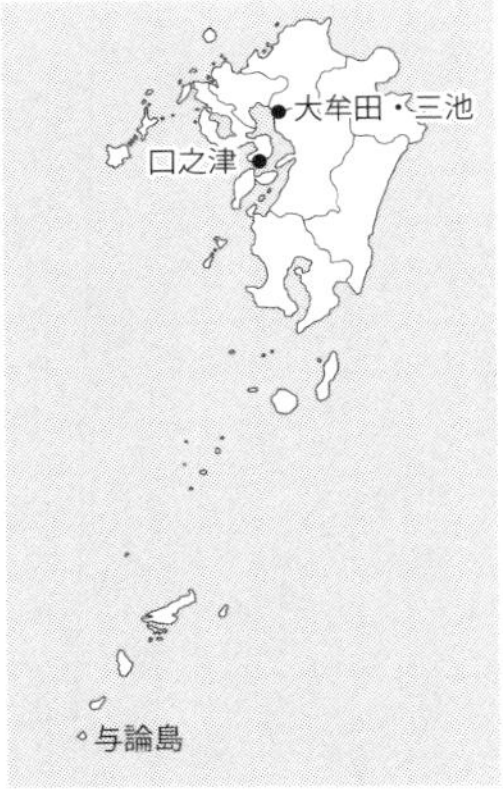

与論島島民の三池炭鉱移住略図。与論島出身者は移住先で、戦後の石炭から石油へのエネルギー革命のど真ん中に生活して、激動の歴史に振り回されることとなる。

らに浴びせられ、マスコミの偏見に満ちた報道は、世間の偏見をさらに助長した。戦後の昭和22年には家族を含めた2,500人が大牟田に移住し、この年には大牟田市議を出し、人権回復に取り組んだ結果、偏見もなくなっていったとされる。その後数年を経て起きた三井三池争議で与論出身者は歴史の大きなうねりの中でさらに翻弄されることになる。会社側のロックアウトに対抗する組合側のストライキに第二組合が反発し独立して、会社側の作業再開に応じた。会社側は警備部隊の出動を要請。第二組合が坑道に入るのを阻止する第一組合との、労働者同士の実力闘争の衝突の間に警備部隊が分け入った。当初、与論出身者は第一組合で戦っていたが、その内、第二組合に抜け出る者も出てきた。同郷人の悲しい分裂である。そして、与論島出身者の周りで歴史はさらに大きく動いていく。このときピケに参加していた第一組合員・久保清さんが、暴力団員の凶器・アイクチで胸を突き刺され死亡し、3カ月後の6月15日には60年安保闘争の渦中で樺美智子さんが亡くなり、10月12日には日本社会党委員長・浅沼稲次郎氏が右翼少年に暗殺された。60年安保闘争の年は、このように血腥い時代でもあった。今から半世紀前の昭和35年のことである。これに学ぶべきは陳腐だが「アメとムチの分裂工作は権力側の常套手段」だという鉄則である。さて、徳之島の米軍基地移設には何を策するのだろう。

22

花綵列島第4弧群の自覚

南海日日新聞掲載紙面。2010年（平成22年）6月2日

転瞬の間にも事態が動き風雲急を告げることがある。徳之島への米軍基地移設の動きと日米共同声明の米海兵隊訓練移転問題がそうで、緊迫する朝鮮半島情勢がそうだ。来る6月19日は改訂日米安保条約50周年にあたるが、今こそ我々奄美の者は自分の立ち位置を確認する絶好の機会でもあると思う。ところで、私にはお茶目な先輩方もいて、一度は私自身への諒解も得ずに新聞発表して、有無を言わさずに事後承認させられたことがある。昭和56年に来島中の谷川健一氏（神奈川県川崎市・日本地名研究所所長）と、山下欣一先生・藤井令一さん3名が名瀬市内で立ち上げた「奄美地名研究懇話会」のことだ。その話し合いの写真と大活字見出しで「事務局長に福島氏」と新聞に記載。驚いた私が山下先生と藤井さんに問い合わせると「もう発表されたから引き受けなさい」とのこと。きっと大先輩3名の深慮遠謀があってのことと一人合点して、お引き受けした。活動は私の筑波大学への国内留学直前まで3年ほど続いた。フィールドワークや例会の際には、会員の大御所であられた、恵原義盛先生や亀井勝信先生、蘇鉄之進先生を、私が送迎係として車でお供していた。ある日、行事終了後に恵原先生のご自宅で、お話を伺ったことがある。その際に、ユーラシア大陸の極東地域の海岸沿いの、アリューシャン列島から南シナ海までのいくつ

もの弧状列島についてお尋ねした。恵原先生は、にこやかに「それを総称して、昔から『花綵（かさい）列島』と呼んでいるよ」と教えていただいた。「花綵」とは、「はなづな」のことで、じつに綺麗な言葉だとそのときに思った。そして、今までにこの5つある弧状列島の個別の名称を、北から順にナンバーを振って「第●弧群」とした例は、管見のため遭遇していない。従って、ここに、私のオリジナルの『花綵列島・5弧群』を提唱してみたい。ベーリング海を囲むアリューシャン列島を「花綵列島第1弧群」。オホーツク海を囲む千島列島を「花綵列島第2弧群」。日本海を囲む日本列島を「花綵列島第3弧群」。東シナ海を囲む九州から台湾までの列島を「花綵列島第4弧群」。南シナ海を囲む列島を「花綵列島第5弧群」と呼ぶ提案である。それぞれの弧群がさまざまな地政学的・歴史的なまとまりで、時として世界的な問題を孕んでクローズアップされ、その「弧群」がうずき出すと、それは次世代の動向を探る重要な「キーワード」を表出してくるように思う。奄美群島は「花綵列島第4弧群」のど真ん中に位置し、北に九州島・南に台湾島の釣り合いのよい両天秤の皿を持っていて、支点として全体を支えていることになる。九州北部から台湾西部までの広がりで見ると、まさに奄美群島はその中心に存在している。その外側はユーラシア大陸だ。島尾敏雄先生の「ヤポネシア」は第3弧群の日本列島と、台湾を除く第4弧群を述べておられると思う。そして、島尾先生の「ヤポネシア論」の大陸から太平洋への「視点のずらし」の壮大な意識転換と、「琉球弧」の名付け方に衝撃を受けた私は、その後に惹起する歴史事象に「琉球弧」が地政学的な別な俯瞰（環東シナ海経済圏）の可能性と、軍事的な別の呼び方をされているのに気付かされ、その重なりの中で新しいネーミングも要

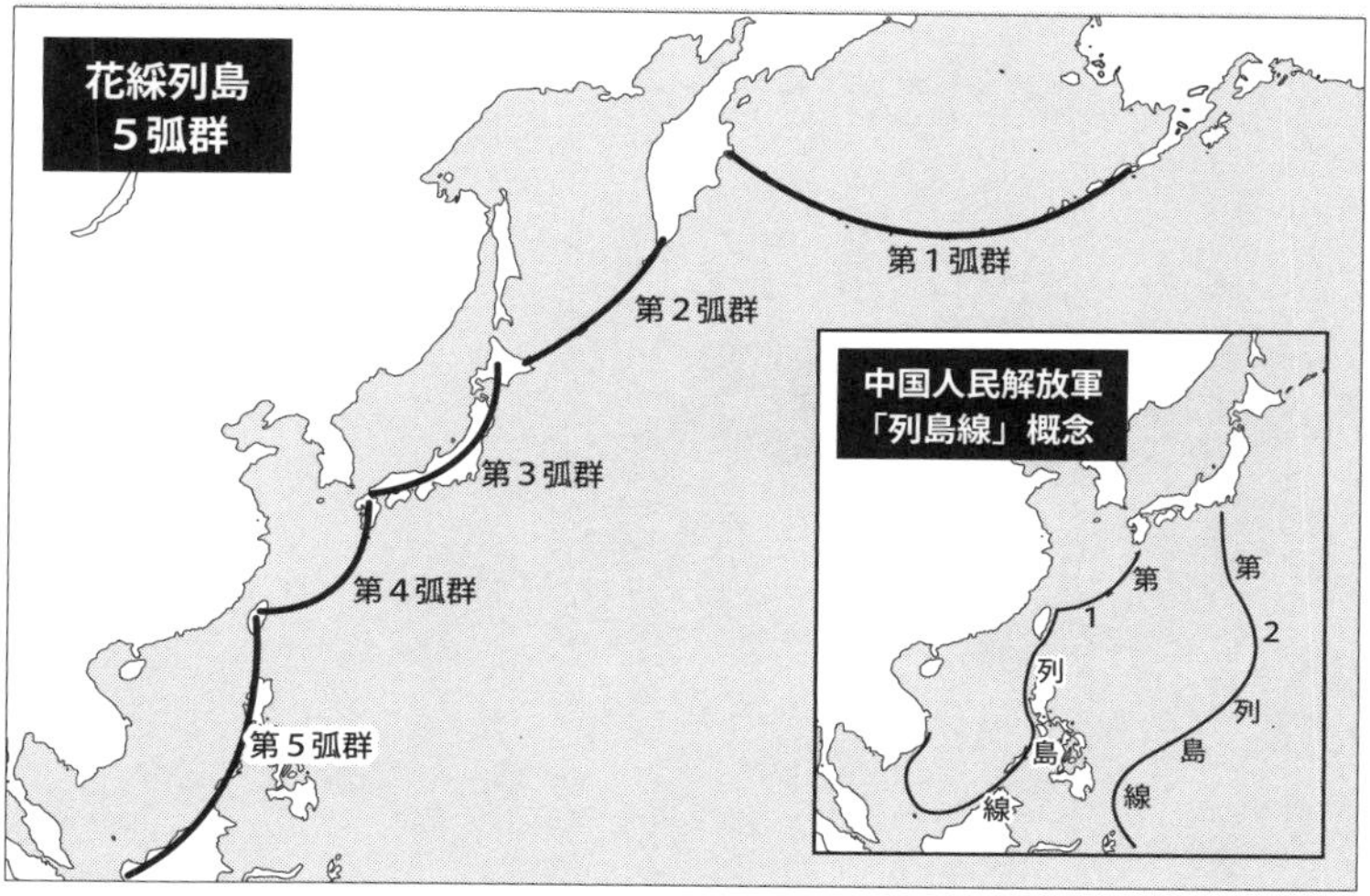

奄美群島「アマネシア」は花綵列島第４弧群の中央に位置する。右下は中国人民解放軍が設定する列島線概念図。

請されているように思い始めたのである。沖縄の古老は「琉球王朝」成立以前の遠い懐かしい時代を「奄美世（アマンユ）」と呼んでいた。私は、「第4弧群」の十島列島から八重山までのエリアを、沖縄の統一国家「琉球王朝」成立の遙か以前の「アマンユ」になぞらえて「アマネシア」と呼ぶことにしている。

国防上、「第1列島線」として中国軍が位置づけるこの第4弧群の「アマネシア」だが、我々はいかに主体性を持って自らの将来像を捉える事ができるのか。第1列島線から第2列島線への米軍撤退などというのは外国側の論理である。今次大戦で、「棄民」に等しい「蜥蜴の尻尾切り」の憂き目にあった「アマネシア」の我々はまた、それが第3弧群（日本列島）の論理であったことを忘れまい。今また、第3弧群が我々第4弧群の「アマネシア」に、そのことを仕掛けてきている。国防を言うなら、我々第4弧群のために第3弧群が「捨て石」になるか？でなけりゃおかしい筋立だ。我々は世界に向け「非核・軍縮」こそが第4弧群・アマネシアからのメッセージだと発信すべきである。現在、開催中の上海万博は自己決定すべき我々に一つのメタファーを提示している。今年は「暑い夏」になりそうだ。

奄美寸景今昔

ウニ収穫

復帰当時の名瀬市街地

民家の家屋と庭

写真提供者：稲光政氏

23

中之島の原風景・トビウオ

南海日日新聞掲載紙面。２０１０年（平成22年）７月７日

南薩・大浦にあったバックネット型テレビアンテナは中之島の中継を経て奄美大島に送信されていた。私が高校生のときに完成した亀ヶ丘のアンテナの側で強い望郷の念にかられて名瀬に住んでおられた島尾敏雄先生に長文のお手紙を差し上げたのには理由があった。実は、分離中の昭和24年に私ども家族は中之島に住んでいたからである。そこで、私は5歳の幼年期の思い出として人生の中に刻まれることになる「離島の原風景」を体験することになる。それは、「静寂」の中の記憶であった。時折訪れる定期船の「金十丸」の汽笛と、それを告げる「船が来たぞー」と叫ぶ人々の大声などは聞こえても、中之島の日々の暮らしは「天然音」と共にあった。私ども家族が住んでいた「中之島派出所」は、通いの巡査さんの詰める事務所と居宅が一緒にあった。縁側からは真正面の諏訪之瀬島が見渡せ、眼下には幅の広い浜と、派出所との間の段下がりの民家の屋根がある。父はよくこの縁側で諏訪之瀬島に向かって「拳銃の空打ち」の練習をしていた。幼い私は側にいて、遅打ち・早打ちの操作や動作を見るのが楽しみの一つであった。「カチッ・カチッ」という撃鉄の音が静寂の中に響いた。母が与えた「鶏卵」を硫黄のにおいのする浜に一人で持って行き、砂に穴を掘って浸しておくと「ゆで卵」になる。中之島は休火山だが、島内には温泉があった。

派出所の出入り口には、浜から山頂の「旧火口」を結ぶ石だらけの坂道がある。旧火口には現地の人々の住む集落があった。浜道に降りると三叉路で、左へ行けば神社と学校、右手に行けば小屋がけの浜の温泉だ。ここには、集落の人々が入浴に集う。男湯と女湯の境は、湯の10センチほど上の板壁で区分けされているだけだ。母が女湯から私を呼べば、自由に壁板の下をくぐって向こう側に行けるが、私はまだそんな興味もないころの話である。派出所の裏では、急斜面の山肌に刻んだ狭い畑があり、山羊と「浜でのゆで卵」用に飼っていた「ニワトリ」がいた。一時期はウサギをも飼っていた。そのころ、ふんだんに食べた記憶があるのは「トビウオ」で、その干物には不自由しなかった。銀色の翼を広げて海上すれすれに滑空する群れは、金十丸の船室の窓から望めた風景で、子ども心にも壮観であった。中之島と名瀬の途中で寄港した島のことは今でも夢に出てくる。浜に降りると、胸をつくような急勾配の坂である。山腹にびっしり隙間なく建つ小さな民家が山頂近くまでひしめき、その間を、人一人が通れるような狭い急坂の石段が伸びている。浜には漁船が幾隻も上げられていて、そこここにトビウオのひらきを平らな茣蓙《ござ》に干している。トビウオは自宅縁側から眺める諏訪之瀬島との間の海でいつも飛んでいた。時折、諏訪之瀬島の山頂から噴煙が上がる。当時も諏訪之瀬島は活火山であり、風向きによっては、中之島へ空に吹き上げた噴煙がゆっくり動いて迫って来る。煙が中之島の上空を覆うと気温が下がり涼風が頬を撫でる。すると、火山灰でなく不思議に「雨が降る」のだ。幼い記憶の中には、今以て理屈が判明しないこのような「謎」がいくつもあるのだ。

あるとき、母が私の手に握らせたお金を持って神社にお参りしたことがある。そのとき、

戦時中と、敗戦後から日本復帰までの分離中にトカラ列島と奄美大島の海上物流を担った「金十丸（かなとまる）」

近所のお姉さんの背中に負ぶわれて神社まで行き、鳥居のところでお姉さんはくるり向きを変え、海側を見る。負ぶわれた私のお尻をお姉さんが「ムジキル（つねる）」のだ。これが合図で、負ぶわれた私は「コシャデ（逆手）」で、後ろ向きのまま、背後の神殿に向け、握っていたお金を放るのだ。お姉さんが中学生ぐらい、私が5つのことである。後になって、「海を渡ってきた大量の鼠の害」を払うしきたりだと聞いた。

島では夜間歩行の際には、灯火はもっぱら「ウキリ」であった。つまり、薪の燃えさしである「ウキリ」を、地面近くでせわしく左右に振り、足下の道路を照らして歩行していた。巡回映画が島に来ると、山腹の学校へ「ウキリ」を持って見に行く。いつもは真っ暗な島の山腹にいくつものウキリの明かりが列となって登っていく。トビウオと、クブシメの白い舟形の骨のふんだんにあった中之島の原風景である。

最近、復帰運動と、普天間基地の徳之島への移転問題での反対運動の違いについてが話題になるが、私はこれを、「閉鎖系」と「開放系」の熱力学の記号論で解釈している。エネルギーは閉じ込められると強烈な爆発力を蓄積するからだ。復帰運動は本土と切り離され閉じ込められた、戦後の分離中の体験を共有する奄美群島民の「閉鎖系」運動であった。現代の運動は価値観の多様化した「開放系」運動と言えよう。

24

ナガイ税務官拉致の件

南海日日新聞掲載紙面。2010年（平成22年）8月4日

戦後の混乱期、殊に行政分離中の奄美の警察官であった父の制服は幾度か替わった。権力の末端組織の警察官は、「官憲」として見られ、「権力の手先」扱いされながらも、戦前の「国家警察」を脱却し、「民主警察」を模索していたかに見える。中之島派出所には官費支給の制服ではなく、通いの警察官には私服着用の人もいて、住用村山間出身の「モリシマ」さんや、大和村大和浜出身の「オサダ巡査」さん（島尾ミホ夫人の実兄）がいた。さて、後に思い起こすと自分で望んだわけではないのに、実に贅沢なポイントにいたことに気付かされることがある。

私の人生で中之島派出所にいた幼少期のパステルカラーのころのこともそうだ。自宅縁側からのロケーションがただの水平線ではなくて、活火山の「諏訪之瀬島」を真正面に眺められたのも、幼い私の感性を刺激したものの一つだと思う。眼下の浜には金十丸が沖繋りし、はしけが人と荷物を積み下ろししていた。父は管内の「口之島」へも時折出かけていた。その際、浜に降りて手を振り、船上の父を見送ったものだ。ところで、父が現在でも思い出話として私に言う「ナガイ税務官拉致」の事件がある。父も取り締まる側の立場ではあったが、同じ「シマッチュ」として、清濁合わせ飲む心意気からか多くは語らないが、

この件については、私が少年期になってからも繰り返し父から聞いたものだ。分離中の奄美のいわば「国境の北の守り」にいて、物資や人の移動を取り締まった「職務上」のことで、私の知らない世界のことではある。断片的に父の話すのをまとめるとひと繋がりの物語になるので、それをこれから述べてみたい。ある日、中之島派出所の父のもとへ、口之島の青年団が小舟で乗り付け、事件を急報してきた。「内地側の役人らしい」のが拉致され、不審な船がいるのですぐ来て欲しいとのこと。父は拳銃と米軍から支給されていたカービン銃、それに手持ちの銃弾すべてを船に積み込み口之島へ向かった。現場では、1隻の船を口之島青年団の船が取り囲み、にらみ合い緊迫した状況にあった。武器所持は父のみである。カービン銃を持って該当船に接近する父の船を見て碇を上げて逃げようとする。銃器を持った父の到着で勢いづいた青年団が、該当船へ乗り込もうとした。父が「自分が一人で乗船するから、周りから見ていてくれ、いざとなったら声を掛けるので手は出すな」と説得して、あわや乱闘騒ぎかというのを収めた。該当船の乗組員は3名。船長室兼操舵室に拉致されていたのは、種子島にいたナガイ税務官。種子島の港でこの該当船を確保。該当船に乗り組んで、鹿児島への航行を指示。ところが、乗組員は途中で、「捕まって刑務所行きなど、お前の思い通りになるか」と反抗し、逆に捕縛して船を口之島へ向けたということである。解放した税務官を青年団に渡し、父は該当船の舳先に陣取りカービン銃を甲板に集めた乗組員に向けた。この状態が3晩続いた。隙あらば逃走を図ろうとする彼らを寝ずの番で、見張る。どちらも疲労の極限に至る。3日目の晩、父が突然、眠気醒ましにシマウタの「ヨイスラ節」を歌い出した。それを聞いていた3名、ひどく感激し、

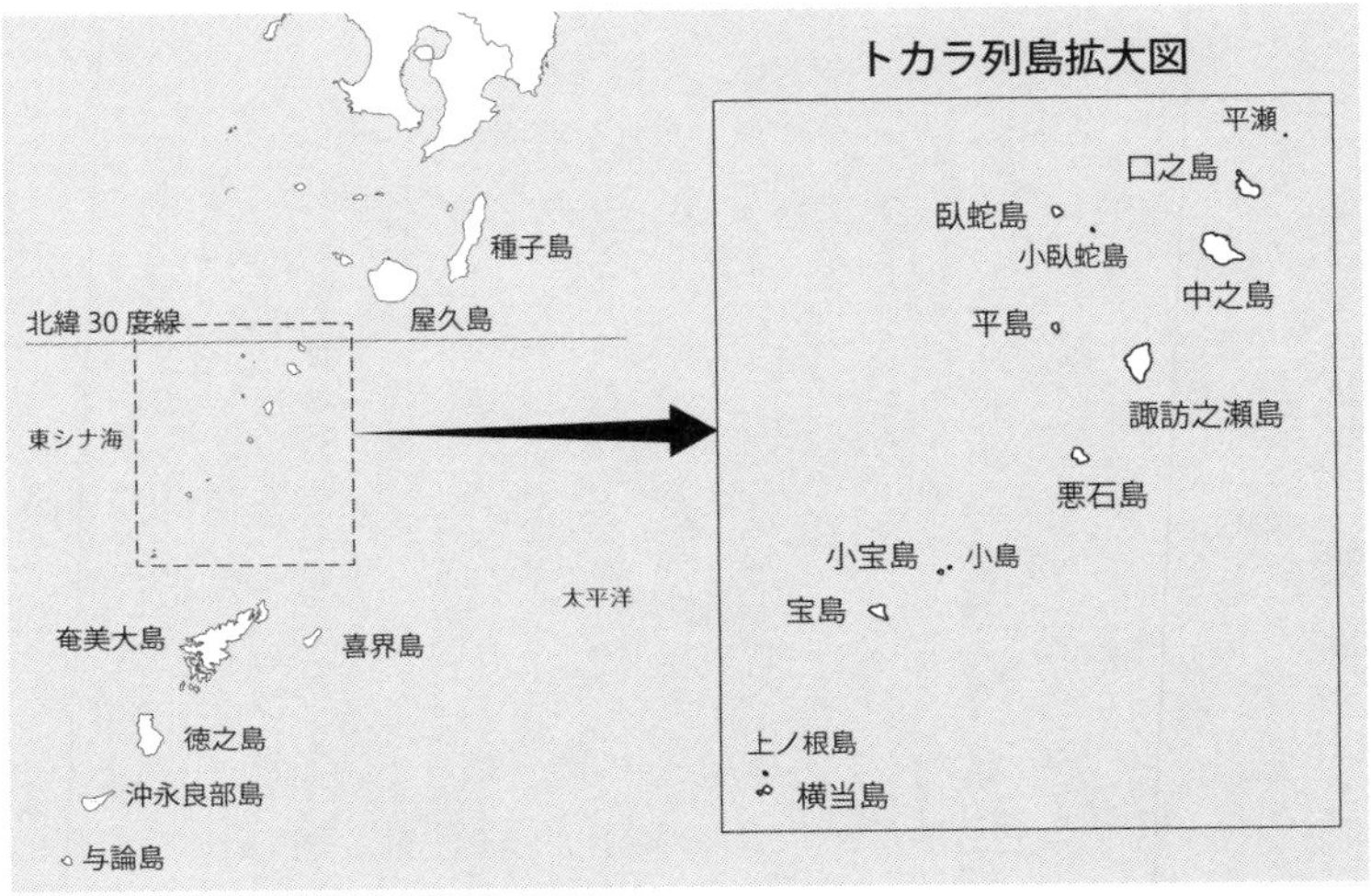

トカラ列島の略図。北緯30度線は密貿易拠点の口之島の北の岬を走っていた。行政分離中には密貿易取り締まりの幹部派出所が中之島に配置されていた。

ついには大声で号泣し出した。「シマウタを聞いたら、ヤチャ気（奄美の方言でやんちゃな、野蛮な気持ちのこと）も失せてしまった。もう逃げようとなんか思わんから安心してくれ」とのこと。翌日、本土側からは大型の海上保安部の巡視船、大島からは名瀬警察署長の乗った警備艇が着いた。ナガイ税務官と該当船の3名は本土側に引き渡したが、以後、行政も異なるためどうなったのか判明しない。警備艇が事後処理をし、父は口之島青年団に送られて中之島へ戻った。浜での家族の姿を見、やっと生き心地がついたとのことだ。私はこの昭和24年の事件を、各関係官庁の記録にあたり始めているところである。父によれば密航は日常茶飯事のことで、島民の糊口を潤す命綱でもあったが、この事例は本土側役人の拉致として上部の複雑な問題にも浮上しかねず、とりわけ人命に関わる事案だけに、現場の自分は命がけで対応したが、どこにも記録がないのは寂しいと言う。この件は、法政大学・沖縄文化研究所研究員の三上絢子先生とＮＨＫ鹿児島放送局の財津記者が父の聞き取りに拙宅へ訪問されたり、元沖縄国際大学の安仁屋政昭先生にお願いして沖縄県立図書館のスタッフに当時の新聞記事を精査していただいたりした。三上先生によると「密航をした方々の証言は多く収集できるが、取り締まった側の証言は貴重」とのことだ。復帰史にも多くの「謎」があるのだ。

奄美寸景今昔

板付舟と子ども

高倉葺き替え

昔の3月3日節句

写真提供者:稲光政氏

第5章

差別の根源は、「無認識」にあると思います。しかし、その無認識を変えるには細かな段階を経た説明が必要なのもやむを得ない事実なのです。

決して一挙に「理解」へと昇華しないのが差別構造だと思うのです。

先年、NHK大河ドラマに「西郷《せご》どん」が放映され、西郷隆盛が、沖永良部に遠島となるシーンには、私には少し違和感があったのです。

往古から、時の権力による罪を犯した者に対する遠島処分は、外界離島への島送りなのですが、奄美群島へのそれは、本土の場合とは意味が違うと感じています。

何故なら、奄美群島の南には沖縄があり、江戸時代には、琉球は薩摩藩の琉球征伐以来、薩摩藩の在番奉行が那覇に置かれ、しきりに奄美群島の沖を薩摩の藩船が藩吏を乗せて往還していたので、決して僻遠の地ではなかったからです。

まるで、西郷の配流された沖永良部を「地の果て」のようにドラマで表現するのには、疑義が生じてくるのです。

伊豆の大島や佐渡や隠岐の島とは違って、琉球との連続点上に存在する奄美諸島は、むしろ、その中間点に位置しているからです。

決して、地の果てなどではないのです。

沖永良部島の沖を往還する船影は南下する薩摩の藩船と、逆に北上する琉球王朝の御冠船の帆船や、琉球が朝貢貿易を古くから行っていた中国のマーラン船も風向きによってはこの島に押し寄せられているのを島民は日常的に目撃していたのです。

しかし、西郷が沖永良部島に配流されていた時分には、中国でアヘン戦争を起こして我が国にも触手をのばしていたイギリスや、日本に開国を迫り威圧的行動を示すアメリカなどの欧米各国の黒船も、不気味な煙をたなびかせ沖合を往還していたのです。

幕末のこのような緊迫した国際状況のもと、薩摩藩においても防備の必要性から奄美大島の大和浜に「大島守衛方及び銅鉱山方」を配備しました。その任に就いた桂久武は、鉄砲隊を引き連れて来島しました。

西郷と久武は「刎頸《ふんけい》之友」として世に知られる間柄で、家老職に代々就く桂家は西郷の主家にあたり、久武は下級武士の西郷とは、身分の差を超えた付き合いを終生結んだのです。

西郷が龍郷に蟄居《ちっきょ》していたころには、藩からの扶持米《ふちまい》がありましたが、二度目の徳之島・沖永良部島への来島は罪人として来島していましたので、龍郷の愛加那家族への扶持米はありませんでした。

そこで、西郷の沖永良部島配流の期間に、西郷の正妻である龍郷の愛加那への生活支援をしていたのが、桂久武でした。

幕末の薩摩藩を揺るがす跡目相続の内紛として知られるのが「お由羅騒動」ですが、この事件で、切腹を命じられた赤山靭負の血染めの肌着を西郷の父がもらい受け帰宅しました。そして、父から渡された血染めの肌着を、西郷が抱きしめて号泣した悲痛な逸話《いつわ》があります。

赤山家に養子に出ていた赤山靭負は、桂久武の実兄なのです。

明治維新の大偉人として西郷隆盛が顕彰されていますが、実は西郷の歴史的判断の重大局面に必ず登場するのが桂久武です。

大島在任中には「銅鉱山方」も兼務していて、大島巡視を敢行して「資源情報」を藩に報告しましたが、藩は大島で大規模銅採掘の実態がないにもかかわらず、大阪において「大島には同資源が豊富にある」と喧伝しました。

これが、何を意味しているかは、薩摩藩の贋金鋳造の本文をお読みいただきたいと思います。

さて、大和浜から鹿児島に帰任した桂久武は風雲急を告げる中央へ向かいます。

これを彼は「上京日記」に詳しく記しています。

彼が「薩長同盟」の場に同座していたこと。坂本龍馬が日本最初の新婚旅行となる「霧島温泉旅行」に向かう船にも同乗していたこと。他藩に類を見ないほどに徹底した激しい破壊行動で有名な、薩摩藩の「廃仏毀釈」は実は桂久武が西郷に教唆したこと。など、これの傍証となる資料探索や研究がこれからの残された課題なのです。

ことほどさように、維新期の隠れたキーパーソンこそが桂久武なのです。

それから、この章では、世界の三大発明の一つである「火薬」の原料となる硫黄と、中国への「海産物（昆布）」の流通拠点・物流の中継点の重要地点が奄美大島であることを取り上げました。

むしろ、この『花綵列島第４弧群』の中心部をなす『アマネシア』は、我が国ばかりか東アジアの古代歴史のランドマークでさえあったのです。

それを、この章では「古代・硫黄ロード」「昆布ロード」の提起で、奄美が中央政権から遠い僻遠の地とする一般の人々の意識変革の起爆剤を暗示的に仕込んでいます。

火山帯にある薩摩硫黄島をはじめトカラ列島から奄美大島西部の港を経て運ばれた硫黄が火薬の

原料となり人類の戦争・戦闘の形態を一変させたのなら、逆に、世界自然遺産に指定されるほどに優れた、奄美の自然環境の中で古くから醸成された「平和主義」の基盤を支えるこの島の「女性原理」もまた世界に向けて発信すべき価値ある文化だと思うのです。

　奄美大島では、松脂と硫黄を薄い木片の先端に付けたものを「附木《ツケギ》」と呼んでいました。古くから、奄美の方言には「ウマツ」という言葉があり、これは、「火」のことを指しています。「松」と「火」は奄美では同じ観念にあったのです。

　九州や薩摩硫黄島そしてトカラ列島から、火薬の原料として大量に輸出する日宋貿易以前に、火薬の原料としてではなく、日常の生活に用いられた「附木」の原料が私的な交易の形で中国に渡っていた可能性も考えられるのです。

　また、越中薩摩組は、江戸時代の薩摩の「隠れ念仏」とも連動して、富山の売薬行商人が反幕府の情報収集をも担っていました。北海道のアイヌが採集する昆布を松前藩から買いつけて北前船で運んだ越中薩摩組は南蛮渡来の薬剤と交換し、さらに南下して南島の今に残る奄美沖縄の伝統的郷土料理の食材をもたらしています。

　これに留まらず、さらには壮大な「昆布ロード」となって、中国まで運ばれました。

　中国大陸では生産されることもなく、入手困難な北海道の昆布をわざわざ交易によって中国が求めていた事実は、敷衍して考えるならば、現今の世界的な食糧不足解消には、持てる国から持たざる国への海産物に限らないすべての資源の分配のあり方への、一つの人類の知恵が試されてもいるとも思うのです。

25

「越中薩摩組とクブ料理」

南海日日新聞掲載紙面。2010年（平成22年）9月5日

南薩の「漢方薬・民間薬・伝統薬」の話だ。私の大浦中学校3年の担任・大迫達郎先生は、現在ネットで「笠沙の野草」というサイトを立ち上げていらっしゃる。

大型干拓地のある大浦湾をぐるっと取り囲む長屋山から野間嶽の山系に自生する野草を写真付きで、くまなく分類解説されている。だが、この一帯が、藩政時代の漢方医や薬草製造の形跡をうかがわせる地点であるにもかかわらず、大迫先生によると薬草類は、さほど多くはないとのことだ。先生の隣にいらしたご親戚も「漢方医」で、その子孫は鹿児島市で開業されておられるという。また、先生のご自宅の裏山に連なる大浦の亀ヶ丘の中腹には伝統薬製造の青木流芳院もある。これは鹿児島の人々が「加世田の血の薬」と言い、一名「ウランクスイ」と昔から呼び習わして有名であった「置き薬」の製造工房である。工房自体は現地点に至るまで、亀ヶ丘周辺を幾度か移転しているが、そもそもの創業は坊津らしい。奄美では、藩政時代、通詞と漢方医が配置されていた。それは外国船の来航対策の一つで、通詞は外国船との交渉、漢方医は武士の負傷者治療がその目的だ。つまり、通詞が平和的解決のものであるとすれば、医師の漢方医は交戦時を想定してのもので、島民の病気治療のために来島していたわけではない。薩摩半島の南端、笠沙・大浦の亀ヶ

丘を擁する山系に漢方薬の工房や漢方医が集中していたのには、南蛮渡来の薬草が入手しやすいことに、その因があった。薬草の少ないこの地で「伝統薬」が製造できたのは、青木流芳院の創業の地・坊津が藩政時代の密貿易の拠点であったことによる。ここ坊津では、「越中富山の売薬商人」の一群が関わっていた。当時の彼らを「越中薩摩組」と言う。彼らは、全国的に有名な「富山の預け薬」の原料を大掛かりな組織で、この坊津から仕入れていた。江戸時代の日本海での物流を担っていた「北前船」を駆って、北海道の「松前藩」から大量の「昆布」を運び、坊津へと持ち込んだ。南蛮船が密貿易で坊津へ運ぶ東南アジアの南蛮秘薬や中国の唐薬種は、いずれも我が国には存在しない貴重品で、これと昆布を交換したわけだ。南薩の「伝統薬」の製造に携わる人々も、これに何らかの形で絡んでいたと思われる。また、「昆布ロード」で繋がる富山県と沖縄県は、現在でも昆布の消費量が全国で1~2位を競っており、沖縄に準じて我が奄美も郷土料理に昆布をよく食材としている。昆布の生産地は遙か北方の北海道だが、我々奄美の者に昆布味の嗜好性を仕込んだのは、いったい誰であったろう。北海道原産の「昆布」が、それを採集するアイヌ漁民の手を離れ、松前藩の役人により特産物として越中の「薬屋」に売り渡されて、「北前船」で日本海と玄界灘をはるばる回って坊津まで運ばれていた。そして密貿易品と交換された。だが、一部は琉球の輸出品として、昆布を積んだままの「北前船」が中国へと渡っていた。「昆布ロード」は、北海道と中国を結ぶ海路なのだ。奄美のクブ（昆布）料理は、どの寄港地の、どのような人間のルートをたどって食されるようになったのだろうか。奄美郷土料理の食材である「昆布」の旅としては、一つの壮大なロマンでもあり、「謎」でもある。

今年は、坂本龍馬ブームで、彼の「海援隊」も海運業なのだが、「昆布ロード」はあまり意識されていないようだ。幕末の薩摩藩では逼迫した財政の救済策として、奄美の「黒糖搾取」があり、「坊津の密貿易」も、それに並んでいた。その中心が、「越中薩摩組」の琉球を介して行った中国との昆布交易である。彼らは薩摩藩公認で活躍した。遭難記録で表面化はしても、多くは闇の中にあって、その実態は、これも「謎」に包まれている。恐らく大掛かりな組織で大量に「昆布ロード」でなされていたであろうとは、黎明館の資料室長の徳永和喜先生のお話だ。さて、昆布や密貿易で入手した薬材の歴史を含んだ県内の「伝統薬製造工房」は、現在、薬事法改正の「通信販売」規制で、その製造と販路法が存続の危機に立たされている。

　ところで、大浦中13回生の世話人である福元祐策君から同窓会の連絡が届いた。来月10月24日に大浦で65歳を機に開催されるとのこと。懐かしい大迫先生や同級生との再会は楽しみで、お互いがよき年齢の重ね方をたたえ合い、肩たたき合うのかと嬉しく、「戦後の歩みと共にあった」我々「大浦中13回生」を、再び朝日新聞が追跡取材に訪れるのかと想いはこもごもの昨今だ。

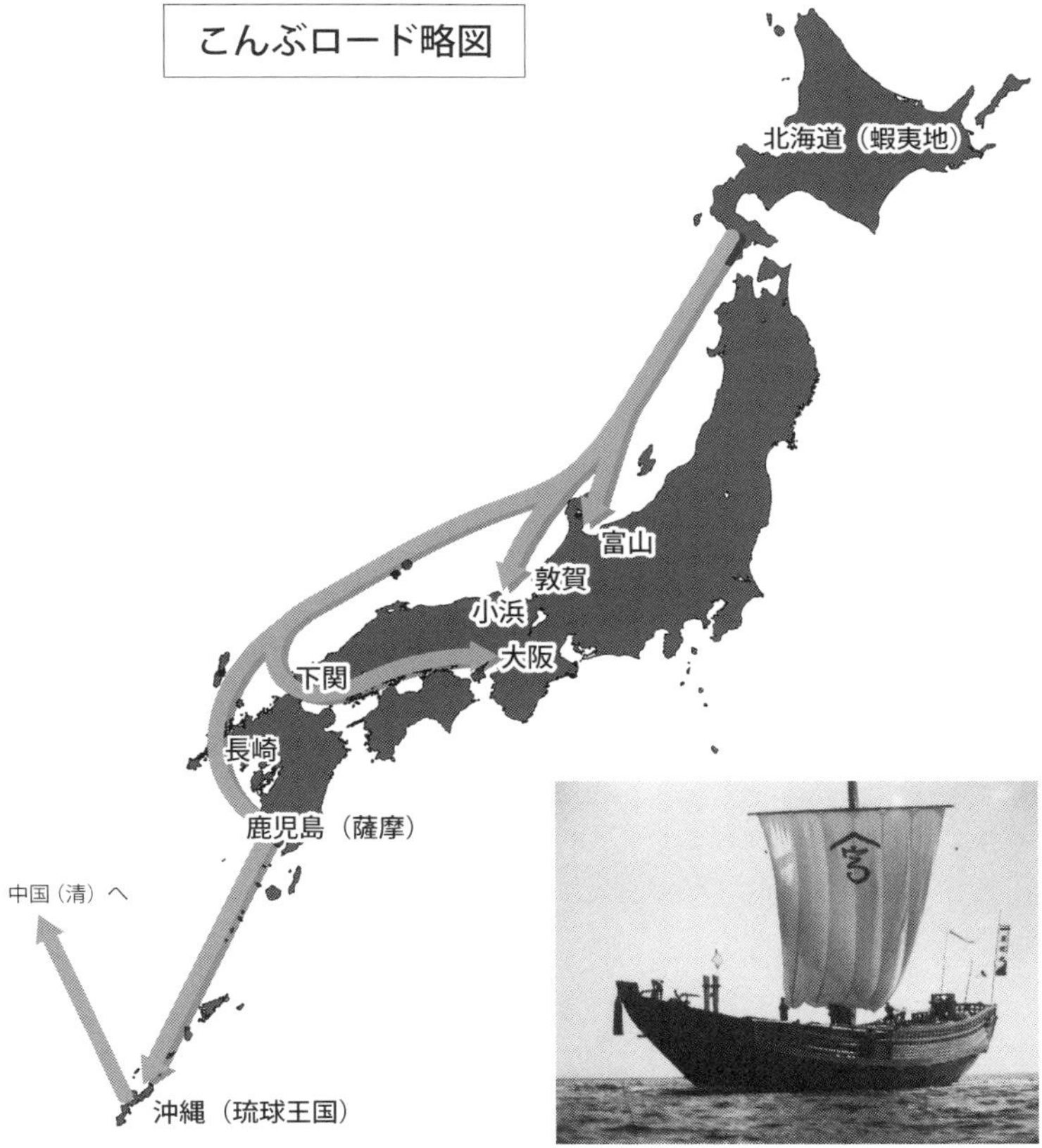

北海道の昆布は奄美・琉球を経て中国にも輸送されていた。
右下は昆布を乗せた北前船。幕末の奄美群島の「アマネシア」は外国船も通過するメインストリートであった。

26

薩藩の大島守衛隊長（上）

南海日日新聞掲載紙面。２０１０年（平成22年）10月6日

幕末の一時期、大和村にあった海防拠点の話だ。最近の尖閣諸島・中国漁船衝突事件では日中間の外交問題の難しさを露呈したが、幕末の「当時外寇之折柄」にも、薩摩藩の「異国船監視」の防衛特務の任を受けた詰役人の桂久武が大和村に配属されていた。彼は、慶應２（１８６６）年1月21日の「薩長同盟」の場に同席した人物だが、現在放映中のＮＨＫ大河ドラマ「龍馬伝」には登場していない。

「薩長同盟」の盟約成立の日付には、20日説と21日説があり、その研究者間の判定の根本資料が、桂久武の「上京日記」なのだ。久武は、１８６２年から１８６４年まで「大島守衛方及び銅鉱山方」として大和村大和浜に在任。その際の「大嶋渡海日誌・文久癸亥大嶋滞在日誌」と、先述の「上京日記」を含め、「桂久武日記」と呼ぶ。大島の様子については、大和浜着任のため渡航待機していた久武のもとに、龍郷蟄居を許されて帰鹿した西郷が来宅密談し聞き及んでいたため、来島前に事前知識として概要は掌握していた。実は、西郷の再遠島の遠因は、島津久光の命で下関へ出発する前夜に西郷が久武と密会したことにあった。このように西郷が重要局面で必ず久武に相談するのは史家も指摘する点だ。大和浜に着任した久武はすぐに、配下の守備隊員20名を大和方・宇検方・住用方に駐在させ、定期

的に彼らを大和浜に招集し防衛上の情報収集を行った。大和村津名久は、私の故郷で、幼いころから父方の祖母のもとへ遊びに行くたびに、大和浜・思勝との間にある尾神山の姿を仰いでいたが、久武の在任中、その山頂に「異国船監視所」が置かれていた。麓の「ウラウチ」と呼ばれる大和浜・思勝・津名久の3カ字が、久武の日常の生活空間である。そのころの遠島人としては、小宿の名越左源太（１８５０年～１８５５年）と、龍郷の西郷（１８５９年～１８６２年）という著名な二人がおり、順序としては詰役人の久武が最も遅く来島したことになる。その在任は西郷の徳之島・沖永良部への再遠島（１８６２年～１８６４年）と重なっている。また、左源太と西郷、そして久武の大島滞在の時期がずれていて、島での互いの対面はない。だが、この3人、島津家の世継ぎ問題で有名な「高崎崩れ（お由羅騒動）」では密接に絡んでいた。久武は藩の家老職、左源太は藩の大身分、そして西郷が下級武士だが、「お由羅騒動」では、いずれも斉彬擁立派サイドに立っている。この事件に連座した左源太は周知のように遠島となり、久武の兄の赤山靱負は切腹した。切腹現場に立ち合いもらい受けた赤山の血染めの肌着を、父・吉兵衛から渡された西郷は、それを抱きしめて号泣した。久武よりも西郷が2歳余り年長のこの二人、久武が主家で、西郷が従家の間柄にあり、幼いころからの盟友として親交を結び、小柄な久武と大男の西郷は終生、気の置けない名コンビでもあった。

　小松帯刀ばかりが持てはやされるが、久武は名家の出として「大島守衛方」任期終了の帰鹿直後「家老職」に就いている。さて、「桂久武日記」には、津名久のことがよく出てくるので、ここに津名久の記載をピックアップしてみたい。津名久にいた守衛隊員の一人、西田弥四郎宅に、久武はよく酒宴に呼ばれている。また、彼らは、大和浜の射的場で弓の稽古に励み、浜では組対抗の鉄砲の試合をした。そして、訓練を兼ねた猪狩りには鉄砲を持つ島民の猟師をも動員した。猪狩りの猟場は、津名久の裏山などだが、飽きもせずに連日狩りをしている。奄美の猟師のしきたりである「ヤマホウ」による「タマス」という分配方法は見受けられない。主目的は戦時訓練にあり、大和浜に整備した「馬場道」では、「乗馬訓練」も怠らずに執り行った。また津名久の「富カナ」「末カナ」という女性二人に、よく織物を注文し鹿児島の実家へ送った。それに、久武は武器や武具の修繕を「津名久鍛冶」に鋳冶させ、調度品も津名久で制作させており、幕末の津名久には、「職人のシマ」としての様相が色濃く浮上してくる。また、「津名久村番所」という記載もあり、「袈裟市」なる科人を扱う人物も登場する。江戸や京、それに国元での風雲乱れ飛ぶ世の情勢が伝えられるたびに久武たちは津名久の西田邸へと集い、ここから、世の動静をにらみ据えていたのだ。大島巡視で龍郷に立ち寄り愛加那母子に会って以来、この家族の生活面での世話をも、徳之島の西郷のもとへの、この母子の渡航をも久武が尽力した。ところで、曾孫の桂甚吾さんから送られた久武の全身写真が拙宅に届いたのは、偶然にも、西南の役に参戦し城山で戦死した久武の命日の9月24日である。

西郷隆盛の刎頚の友である桂久武。「大島守衛方及び銅鉱山方」として大和浜に着任。右下は毎日、詳細に在任中の様子を記した「桂久武日記」

27

薩藩の大島守衛隊長（中）

南海日日新聞掲載紙面。２０１０年（平成22年）11月３日

幕末の薩摩藩で行われた「廃仏毀釈」の話だ。まず、当時、大和村で若くして亡くなった小番・桂民之進のことから述べてみたい。民之進は、「桂久武日記」に見える守衛隊員の一人で、久武の一族である。久武が大和浜にいたころの大島の代官は、西郷が「悪巧みのおやじ」と呼んで毛嫌いした相良角兵衛で、警衛系統では、久武の方が角兵衛より上位にあった。代官所（仮屋元）が大島管内の所轄とすれば、久武は、海防上の情報収集をする「大島守衛方」であり、琉船が潮掛かりするたびに薩摩藩の琉球在番である伊集院伊膳や米良助右衛門に書状を送り交わして情報交換する立場にいた。大和浜の久武のもとには代官の角兵衛をはじめ、見聞役の木場伝内や、阿木名に配流されていて後に我が国の歴史研究の父と呼ばれた重野厚之丞（安繹）も尋ねて来ていた。民之進の将来に期待を寄せた久武は、暇さえあれば自分の旅宿へ呼んで「中庸」の講義をし、殊のほか可愛がっていた。

来島してまもなくの文久２（１８６２）年7月21日には、20歳の誕生日を迎えた民之進は、大和方の民俗行事である「三八月」の祭や、相撲・船競争・闘牛などの見物をはじめ、年末の猪狩りにも参加し、いつも久武と共に行動した。だが、年明け早々に「朝から足の痛み」の不調を訴え始めた（1月14日）。久武は大和浜の和家所有の居宅で生活・勤務した

が、民之進はこの日からの欠勤となる。また、「この暁に歯が落ちる夢を見」（1月19日）と、民之進の死を予感させる不吉な夢の記述もある。病に伏した民之進の旅宿には久武や守衛隊員が連日、見舞いに訪れたが、1月28日の朝に「吐血」し南中庵に診察させた。守衛隊員として来島した中庵の他にも、現地医師の萩原杏春が対応したが手に負えず、2月2日には名瀬詰役の医師・渡辺道逸を呼び、翌日に民之進を診察させ診断結果を伺った。さらに、名瀬より医師・山口良拙をも呼んだ。だが、3月3日には「夜半時分より案配不宜由ニて」とあって、病状が悪化。2日後には、「九ツ過より至って精気乏敷相成候処、無間も遠行致方なく候」と、ついに民之進が「遠行」（死去）となった様子が語られているのだ（3月5日）。「享年20歳」の若さであった。親族の久武がいたとは言え、鹿児島から七島灘を渡り海防の前衛拠点で亡くなった若侍には我が奄美はいかように写っていたろう。民之進死去後、「この晩夜入過に入棺」。

翌日には「この夜明出棺」「尤段々参見送いたし候」と、名瀬行きの船での出棺・葬送の見送りに関係者が集い、夜には「此晩葬式之賄ニ候」とあって葬式の賄いをしている。仏式の葬法のはずだが、名瀬で「火葬」されたのかどうかは不明だ。

2日後には、葬儀の後片付けをし、法名「桂雲院良翠実遊居士」が名瀬の観音寺から号されている。翌日、鹿児島の実家に民之進の所有物を送り返し、さらに津名久の西田邸での「精進落とし」に久武も参列している。初七日・初忌日も済ませた後、四十九日墓参のために、清太郎と市の2名を名瀬に遣わした。この「市」は、民之進の初盆では、「清太郎。袈裟市名瀬観音寺江墓参為致候」（7月13日）とあるように、「袈裟市」として記されている。

恐らく、読経や葬儀一切をも彼が執り仕切ったのであろう。名瀬の「観音寺」は鹿児島の曹洞宗・福昌寺末寺だが、「日記」には「両寺」との記載もあることから、観音寺には「祈祷所」と「菩提所」の併設があったと考えられる。初盆の7月15日には、「牡丹餅」を霊前に供えた久武だが、身内の民之進を亡くしてからは張り合いをなくし、中庵らと碁を打って気を紛らわした。この年の大晦日の歌に「年毎に明けぬ暮れぬと、おもひしもことしハかりは、すみ染めの袖」と詠んで、民之進を偲び喪服で年を越した。ところで、全国でも類を見ない薩摩藩の熾烈な「廃仏毀釈」は慶應２（１８６６）年に始まったが、その主唱者は久武で、彼が刎頸の友・西郷に提案したとの説がある。「日記」に、毎日の冒頭で「常行如常」と記し、熱心に仏前で端座勤行した久武が、仏教から神道へと宗旨替えしたのには、当時の幕末の尊皇思想の影響のみでなく、大島在任中の民之進の死去が精神的契機として介在しているように私には思われてならない。宗教の説く深淵な生死観は、厳しい修行の末に宇宙の律動に感応して悟達した開祖の世界論のはずだが、我々凡愚の身には宗旨替えで簡単に揺らぐほどのものなのか。さて、坊津の廣泉寺住職・大八木廣澄先生によれば、徹底して破壊された、鹿児島の福昌寺（名瀬の観音寺の本寺）の跡が、現在の玉龍高校だという。

桂久武大島在島中の関連略図

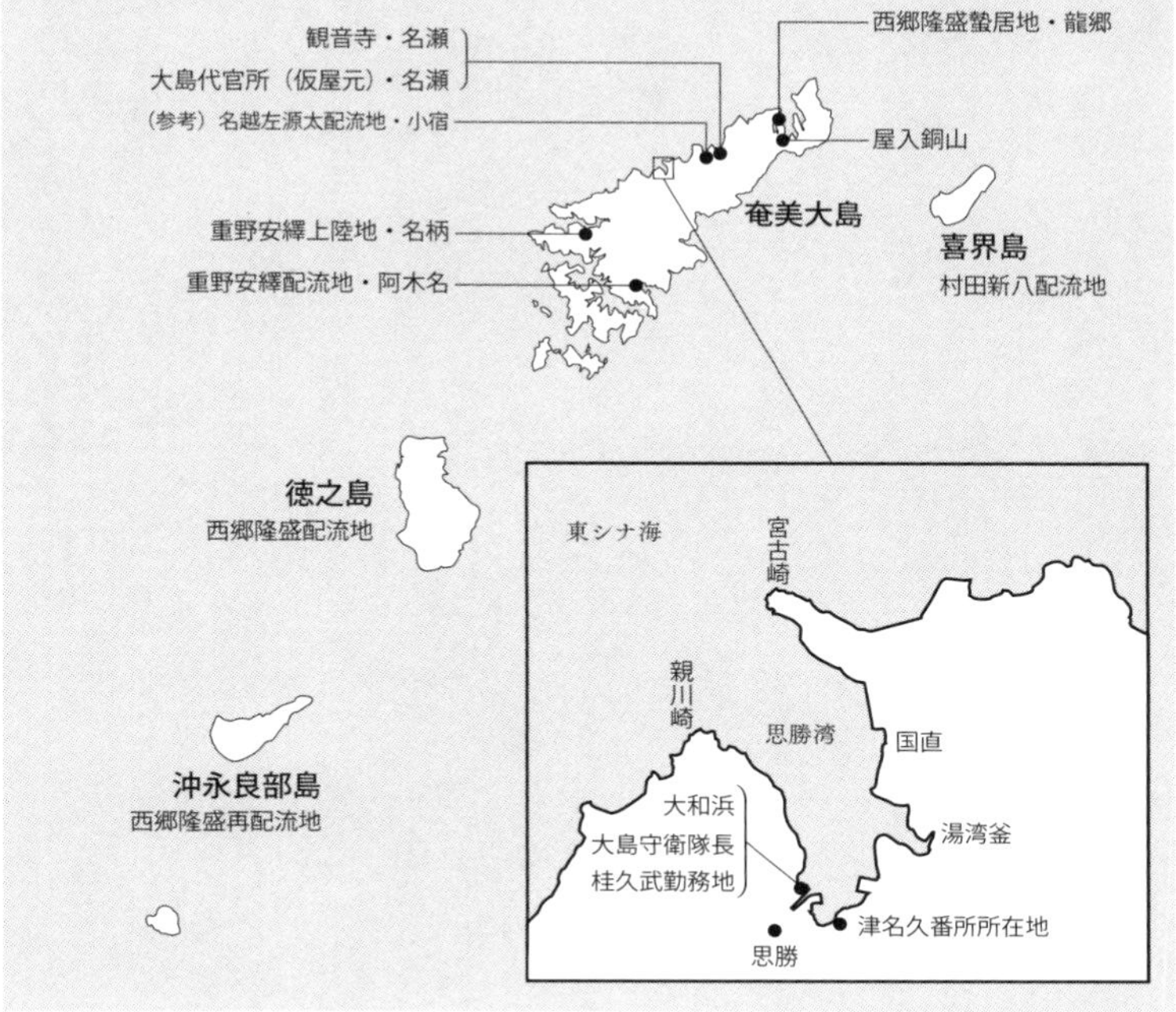

文久2年、桂久武が在任中には村田新八、重野安繹、徳之島・沖永良部配流の西郷隆盛が奄美群島にいた。名越左源太の小宿配流はこれより12年早い。

28

薩藩の大島守衛隊長（下）

南海日日新聞掲載紙面。２０１０年（平成22年）12月1日

幕末の薩摩藩の「銅資源事情」と「偽金造り」の話だ。大和浜在任中の桂久武は「大島守衛方」と「銅山方」を兼務していた。ところで、大島の「屋入銅山」については、「龍郷町誌民俗編」（鹿児島県大島郡龍郷町教育委員会編　１９８８）の執筆委員として関わった私にも当時からの関心事なのだが、我が国の銅山発見の学・「山相学」や、梵鐘・大砲等以外に「偽金鋳造」が銅の使途としてあることは最近知った。黎明館資料室長の徳永和喜先生は、薩摩藩の偽金鋳造の部局・鋳銭所総裁の「市来四郎」に着目。

伝説としての偽金鋳造を、多くの県内外の関連文献を渉猟。横断的分析と詳細なデータ抽出による「偽金づくりと明治維新」（徳永和喜著　新人物往来社　２０１０）を、この3月に上梓された。かねて、私は徳永先生に密貿易や偽金鋳造のように、公的文献には残りがたい歴史の解明方法についてのお話を伺っている。本書から見えてきた薩藩の偽金鋳造を簡単に述べてみたい。偽金鋳造当事者としての市来四郎は、維新後に談話会の席上でその事実を暴露。まず藩では支配下の琉球の地域通貨としての「琉球通宝」鋳造の認可を得るため、幕府に人脈の濃い「安田轍蔵」に接近した。江戸在住の大阪人医師・安田は、桑枝等からの「木綿」製造技術の発明者で、佐藤信淵に師事して身につけた「山相学」に

も長けた「経済学者」である。安田は「木綿」の販売を「琉球通宝」で行うことを幕府に述べ、江戸周辺の養蚕地帯で廃棄されていた桑枝のリサイクルと普及を目論む幕府も、薩摩藩の「琉球通宝」鋳造を認めることになった。藩では、安田を偽金鋳造の指導者にするために薩摩へ呼ぶが、饒舌な一面を有し、利潤を独り占めするのではないかとか、幕府の「間諜」だとする疑念が藩上層部に生じて、鋳造職人集団を引き連れて来鹿した途端に、安田を屋久島へ送り計画から排除したのだ。藩では、琉球通宝を「天保通宝」にそっくり似せて造ったが、安田に働きかけて幕府からの「琉球通宝」鋳造許可を得ておきながら、実際には「天保通宝」を造ったわけだ。実は、鋳造技術については斉彬時代から既に研究されている。偽金造りの藩吏の中心は、主席家老で病持ちの小松帯刀。父親が喜界島に配流された大久保一蔵（利通）。西郷が言った久光の悪口を告げ口した精忠組の中山中左右衛門であった。彼らが、安田を排除して藩直営で実施した偽金鋳造は、技術面や経営面で行き詰まり、結局は安田の再登用となる。「武士の商法」の挫折だ。幕末・維新期の混乱した経済状況は、一説には、京での通貨の8割が偽金だとされるが、これは、ほとんどの藩が自前の通貨で軍備増強せねばならない背景があった。「薩長同盟」は、今年のＮＨＫ大河ドラマ『龍馬伝』にも見えたが、薩摩藩の大規模「偽金鋳造」の求心力としての視座も必要となろう。藩の真の目的は、「偽金」鋳造ではなくて、「銀台二分金」と称される「贋金」鋳造であったらしい。以上のように徳永先生の著書は偽金鋳造の謎を「市来四郎日記」から解き明かされた。この「日記」は、逼迫した財政救済策として総力戦で取り組んだ藩の「銅」獲得と偽金鋳造の記録である。

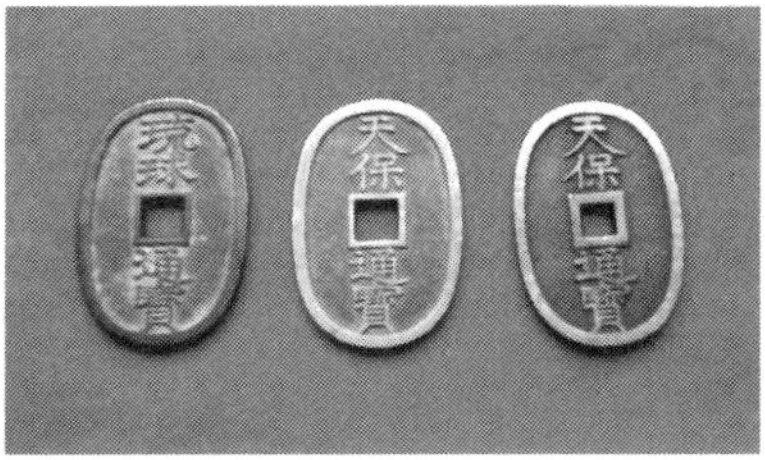

薩摩藩は幕府に「琉球通寶」鋳造の許可を得て、全く同型の「天保通寶（天保通宝）」を造っていた。（『偽金づくりと明治維新』徳永和喜著）

「桂久武日記」と「市来四郎日記」は、どちらも薩摩藩の銅資源史料なのだ。

しかも、両「日記」は、久武（大和浜在任）と西郷（徳之島・沖永良部島配流）が、鹿児島に不在の期間（1862年〜1864年）に実施された「偽金鋳造」の相互補完文献となる。偽金鋳造が具体的に実働したのは、文久2（1862）年の12月で、久武が山師を伴って「銅山精査」をした「大島巡視」時にあたる。さて、久武が大和浜在任中、鹿児島では銅を中心とした「金属供出」が実施され、福昌寺をはじめ寺院の梵鐘すべてが偽金鋳造のために集められた。供出した寺院側も作業に従事した者も、後ろめたさはなかったと言うが、これが後の「廃仏毀釈」の伏線となったのか。また、藩では大阪での銅の買い占めによる価格高騰対策として「大島には銅資源が豊富」だと喧伝した。我々奄美の者が強調する「黒糖搾取」と、藩による「大島の銅資源」喧伝とをどう位置づけるのか。奄美側の「偽金鋳造」検証こそが今後の課題なのだ。大島の流通限定の紙製通貨「葉書」を、愛加那との家族生活で見聞したであろう西郷は、西南の役では松本清張の小説にもある「西郷札」を発行している。皮肉なことに明治新政府中枢となった大久保は、今度は偽金対策に苦慮した。「真贋」とはむしろ人の心の反映なのか。「贋物」は、現世のみのうたかたであるのか。

【挽歌】『此の秋の雨にぞ濡れし墨染めの袖絞り居る年の暮れ哉』（拙作）

29

奄美地名考・いくつか

南海日日新聞掲載紙面。2011年（平成22年）1月5日

奄美の「西方浄土」はどこか。東シナ海のかなたにある中国大陸が楽土とも思えない。この海の南北で逆巻く波濤は、尖閣諸島と朝鮮半島沿岸の小島を揺るがし、「資源獲得」と「動態的防衛」が海面下で蠢いている。落日の映える海面を望みつつ、ここでは大島本島西岸の地名の話でもしてみたいのだ。まず、私が事務局長をしていた「奄美地名研究懇話会」の席上で恵原義盛先生がお話しになられた「梵論瀬崎」と「横当島」のことである。名瀬港は、北の梵論瀬崎と南の赤崎に挟まれた入り江で、その「梵論瀬（ボロセ）」についてを、恵原先生は大和浜の「群倉」（ボレグラ）の「ボレ」と同じ方言の「群れる」意であり、岬の沖に「群れる瀬」の「群瀬」が「梵論瀬」の語源であろうと解説。「梵論」の文字は来島した藩吏によるものだと指摘された。また、晴れた日には洋上遙かに望める「横当島」も、恵原先生は「横当」の方言発音の「ユワテェ」から解釈。

大島の古語の「ユワ」が「硫黄」であり、「ユワ・テェ」の「テェ」は「岳」であると説明された。中国の世界三大発明の一つである「火薬」の原料・「硫黄」を、かの国は昔からこの地に求めており、「湯湾」や「湯湾釜」が、「霧島火山帯」の外界離島に産する硫黄運搬の中継地・寄港地にちなむ地名だとされた。中国往来の船の「アテ」である、陸上

の「湯湾岳」も海上の「横当島」も共に「硫黄岳」であるとする。恵原先生は大島の地図の漢字表記の地名は古い方言発音に落として解釈すべきだと強調されていた。私は、この奄美と大陸を結ぶ壮大なお話を、日宋貿易以前の中国での火薬発明当時の原料である硫黄供給地・トカラ列島からのルートを「硫黄ロード」と名付けたいと思う。

世界の戦闘技術を一変させた「火薬の発明」が、歴史上の端緒を開く「硫黄資源獲得」から始まったとすれば、「トカラ・奄美」の地政学的位置づけも変わってこよう。

同様にこのようなマクロ的観点に立ち、赤木名・秋名・知名瀬・津名久・親川崎・宮古崎の地名も解釈できないのだろうか。奄美に「水田耕作」と「稲作儀礼」が伝来する以前は、「芋類」が主食の「焼畑耕作」であった。稲作儀礼の中に古い焼畑儀礼も混在しているはずだと考えた私は、「奄美・秋名ショッチョガマの儀礼構造」を『日本民俗学会会報』（1985・159号）に巻頭論文として発表したことがある。

秋名の地名は、焼畑を意味する「火野（ケノ）」系地名の「ア・キナ」で、これは沖永良部の「知名」をはじめ奄美各地でも散見される。赤木名（ハァ・キナ）もしかりだが、知名瀬も方言では「キナ・ジョ」で、「ジョ」は「入口」（ジョゥグチ）である。広い田袋の知名瀬は、後背地の山塊が焼畑に適した秋名とよく似、丸木船で行き来する農民の作場への「入口」となる。ところで、田畑佐文仁の干拓事業は、大島三大湧泉の「イジュンゴ」がある津名久の「シラハマ」地区でもなされており、津名久川を現在幅の河川敷にしている。白浜の泉から飲料水を汲み、小舟で本船へと運ぶほどに、津名久川は幅広の河口だった。津名久（ツナグ）を「チナ・ゴゥ（川）」と言う焼畑系地名で解すれば、「焼畑へ通じる川」

左の「親川(大掖玖)崎」と右の「宮古(新掖玖)崎」を国直海岸から望む思勝湾。上部写真は「横当(ユアテ)島」

の意であり、薩英戦争前の旧式の先込め銃での桂久武の狩りは、芋を好むイノシシが湧く裏山の焼畑を猟場としていたことになる。

　さて、『日本書紀』の巻22（６１６年・推古天皇24年）には、「秋七月・亦掖玖人二十口／來之。先・後并三十人。皆安置於朴井。未及還皆死焉」とあり、掖玖の人30人が渡海し日本に永住したと記されている。この「ヤク」が、どこなのかは現在でも特定されないながらも、そこで採れる「夜光貝」の名称との関連で捉えたり、南西諸島を「大琉球」、台湾を「小琉球」と呼び分けることから、「琉球」は「ヤク」の音便化したものとの解釈も可能で、「南西諸島全般」だとするのが通説だ。

　大島南部のノロ祭祀集団の「真スジ組」（正統）と、北部の「スダ組」（傍系）の境は大和村の思勝湾あたりである。この入り江は、南の「親川崎」と北の「宮古崎」の間にあるが、親川（オ・ヤコ）と宮古（ミ・ヤコ）の両岬の「ヤコ」を、私は「掖玖（ヤク）」として解釈している。

「親川」は「大掖玖」。「宮古」は「新掖玖」なのだ。方言の「ミィ」は「新」の意である。いつのころかも判明しない昔。大和村の思勝湾を境に、奄美創世神話の「阿麻弥姑（あまみこ）」降臨伝承の地をそれぞれに有する南部の湯湾岳を擁する「大掖玖」と、北部のアマンデーを擁する「新掖玖」に二分されていた時代があったのか。「地名は地表に刻されたロマン溢れる先人の記憶」だと、親しくご教示いただいたのは川崎市の日本地名研究所の谷川健一所長からであった。

奄美民謡シマウタ
1970（昭和45）年当時、中学生ながら奄美民謡の大御所である武下和平さんや森チエさんの相方として島内外の舞台で歌い『天才シマウタ少女』として知られていた与路島出身の常盤良子さん。
写真提供者：本人

跋文

「老いぬれば鍍金《めっき》も剥げて生きやすし」これは私の座右の銘となっている俳句で、奄美出身の川野純夫さんが詠ったものです。川野さんは瀬戸内町嘉鉄出身で大阪の町医者でした。この句は来年6月には80歳を迎える私の現在の心境でもあります。やがては命を終える老人が過去の栄光に浸っていても詮ないことです。学歴や現職時代の華やかな職歴などの鍍金なぞ、やがて死を迎える前にいる一人のただの老人には何の役に立ちません。それよりも剥げ落ちた鍍金から自由になり、むしろ生きやすいという心境を詠じています。

　川野さんの奥様は作家の田辺聖子さんで、田辺さんをモデルにした「芋たこなんきん」は、ＮＨＫの連続テレビ小説になったのでご記憶の方もいらっしゃると思います。ドラマに「カモカのおっちゃん」として登場するのが川野さんです。

　私も、今さらこの年齢になってまで鍍金を塗り重ねても仕方ありません。どうせ、そのようなアクセサリーなんてあの世に持っても行けないのですから。

　しかし、敗戦後の国民が等しく貧しい生活の中で、懸命に生きていた昭和という時代の大人たちの姿を私なりのまなこで見て、そのことを私個人の内側にしまい込まない形で、彼らの名誉のためにも世に残したかったのです。それが、本稿です。

上巻の冒頭に大坪白夢さんの「溶岩に苔古り椿赤く咲く」の句を紹介しましたが、この巻の終わりに川野純夫さんの「老いぬれば鍍金も剥げて生きやすし」の句を挙げて閉じたいと思います。

さて、私のライフワークは当初は民俗学でした。幼いころに体験した島差別がその原点で、行政分離から脱して奄美群島が祖国復帰を遂げた昭和28年に、父がそれまでの琉球警察から鹿児島県警に編成替えとなり、鹿児島県本土の薩摩半島の南薩の雄と呼ばれていた加世田に移動した際に家族も1年遅れで移住し本土での生活が始まりました。そのときに小学生の友人の発する差別的言動がすべて「実態を知らない」ことによっているのに気付かされたのです。

そして、私小説の大家として後に有名になる島尾敏雄先生が指導する奄美郷土研究会に加世田高校在学中に入会して故郷奄美のことを調べ始めました。

しかし、差別感情はなかなかなくなるものではありません。例えば、「島は自転車に乗ればすぐ海にひっちゃれっとじゃろが」と言うのもやむを得ないところがあったのです。そのやむを得ない事実は、私が加世田高校に入学したときに配られた地理の地図帳に間違いを発見したことにも現れています。その地図には、まず、鹿児島県本土と奄美大島の縮尺が違っており、実際には薩摩半島と同じくらいの面積を有している奄美大島が、端っこに別枠で小さく印刷されており、子どもたちにとっては縮尺などの見方を知らないわけですから小さな岩ぐらいと勘違いしても仕方なかったのです。

さらに私が発見したもう一つは、実際の奄美大島はまとまった一つの島であるにもかかわらず島の途中に海峡が記され分断されて地図帳に表記されていたことです。その場所は龍郷町の赤尾木という地区ですが、確かに現在でもここは砂洲で形成された低地には違いませんが、紛れもない陸地なのです。

驚いた私が、高校生ながら、乱筆乱文の抗議文をしたためて出版社に送ったところ、編集者の女性から「私はまだ奄美に行ったことがありませんのでお許しください」と丁重なお詫びのお手紙と、そのころ珍しい最新式のボールペンが送られてきました。早速、訂正しますとのことなのでボールペンに免じて私も抗議の矛を収めましたが、ことほどさように真実が歪められることと、その及ぼす影響が恐るべき結果を招くものだとまだ、20歳前の私でも思ったものです。無認識が差別の原点だからです。

実は、その奄美大島の分断地図帳は戦時中の軍部の指導の影響ではなかったかと、現在では私は思い始めているところです。それは、この陸地ではなく海峡として記載された地図の部分（奄美大島の龍郷町赤尾木地区）には巨大な無線塔が数基、現在でも屹立しており、戦時中の海軍にとっては敵に知られたくない軍事機密の重要地点であったからではないかと気付いたのです。今でも周囲の景色には不似合いな無線塔の残骸を見ることができます。戦後間もない高校生の地図帳に修正されないままの戦時中の地図が使用されていても仕方ない社会背景が存在していたのです。

今回の幻冬舎からの出版についてですが、奄美大島の地元紙である南海日日新聞に52回にわたって連載した文化欄の記事文章をそのままに今回、出版することになりましたが、１回では大部冊となるために上下２巻に分けて出版する運びになりました。この上巻には29回までを取り扱いました。

30回から以降は下巻に収めます。

上巻の最後にあたる29回目は、実は連載を中断しようと思っていたときのものです。母が亡くなったことで私が連載を終えたいと妻に伝えたところ、「その悲しい気持ちを文章にして続けるべき」と強く継続を望まれて書いた回なのです。その母への追悼の気持ちを行間に込めてしたためたので、記述が地名考になぞらえて静謐な気で満ちているのは、その状況にあったからなのです。

世の中で肝要なことは、いくつもありますが、「オリジナル」か「コピー」なのかは、重要な観点です。私はこの作品で自作のオリジナルな図版やネーミングをいくつか出しています。

それは、文章表現にも取り入れました。現職時代に国語の作文教育で、文末表現を「敬体」「常体」いずれかに統一させてきました。新聞連載にあたり、このことを十分心得たうえで、普通に敬体「ですます」表現の回と、論文調の常体「だ」表現を回の内容によって使い分けました。同じ回でも、文章の冗漫さを破る「破調」を狙って敬体と常体とを混ぜました。古くは「和漢混交文」がありましたけど、私は自分の文末表現は「敬体と常体が混ざった」表現の「敬常混交文」という冒険的なオリジナルなものにしています。

この巻では、「昆布ロード」と「古代・硫黄ロード」を紹介しましたが、これはいずれも、奄美が通過点としての位置づけのものです。しかし、奄美が単に通過点ではなくて始発点であり、終着点となる「ロード」の存在も浮かんできています。

それこそ、今後の若い世代の研究に俟つべき課題なのです。

その第1は、「二つのシェルロード」です。

それは、古代中国の殷の貝貨が奄美の宝貝であったという「中国へのシェルロード」と、弥生時代の北九州の装身具の腕輪になったゴホウラ貝の「日本本土へのシェルロード」です。このように奄美発のシェルロードは新旧二つあります。

また、その第2は奄美が終着点となる「ロード」ですが、現在でも見ることが可能な東南アジア一帯に広く分布生産されているインド更紗の模様が、「海のシルクロード」に乗って奄美に伝わり昇華完成を見た、伝統産業でもある「大島紬」の龍郷柄との繋がりです。

このように、花綵列島第4弧群の中心的位置を占めるアマネシアの奄美群島は、世界自然遺産にふさわしいものとして、歴史的にも地政学的にも国際的な文化的要諦を秘めたキーステーションだといえると思うのです。

さて、この上巻で縷々《るる》述べてきた奄美群島の実態ですが、「差別意識」というものは、「無認識」が「理解」へと進んだとしても、別な理由によって温存されるものだということに私は思いあたっているところです。

「差別意識」は、頭脳では理解できても、心のレベルで生じる「意識」だからです。

北緯30度線以南の行政分離により、本土との行き来ができなくなった奄美の人々は、働き場所を求めて沖縄へ渡りましたが、この兄弟島の沖縄での差別にあうことになります。奄美出身者は「大島ドッコイ」という蔑称で呼ばれ、それは奄美群島の日本復帰のわずか4日あとにユースカーの発した差別的内容の指令が在沖奄美人に対して告げられることによって、一層、苛烈な法的根拠をもつ制度となって市民権をも得られないなどの信じられないほど悲惨な待遇を受けることになったの

です。（『沖縄・だれにも書かれたくなかった戦後史』佐野眞一。集英社。２００８年9月）

南西諸島の「二段階返還」を奄美の内側からの、また被支配者である当事者としての歴史的総括はまだまだなされていない現状にあります。私のこの本は序文にも延べたように民俗学的手法による「虫の目」で見たものですが、これから、奄美の次世代が取り組むべき作業としては、その対極にある世界的な視界からの「鳥の目」でとらえた総括が期待されます。それは、敗戦国日本に進駐したＧＨＱの上位組織であるペンタゴンの戦略的意図により分離支配された南西諸島が「二段階返還」されたことを、既に発刊されている数多くの行政文書や、それぞれの体験談の聞き取りデータから「資料批判的」に次世代にわたって総括しなければならないということなのです。同胞沖縄からの悲しい差別というかさぶたに触れるのは、実に「憂鬱」なことなのです。だからといって、憂鬱な作業を厭うのでは「総括」など叶いません。「憂鬱でなければ仕事ではない」と喝破されたのは、私の尊敬する見城徹氏（幻冬舎社長）です。その憂鬱極まりない作業を通して得られた総括のなかでこそ、奄美大島の日本復帰の意味や在沖奄美人への差別に対する正視眼的位置付けも解釈可能になるものと思えるのです。分断支配は植民地占領の常套手段なのですから。10年ごとに行われる、「復帰記念行事」を単なる「儀式」で終わらせることなく、「奄美大島日本復帰総括」の作業進捗状況報告の意義をも付与させていかねばならないと思うのです。悲しい同胞の内なる差別です。

ところで、この本は色覚異常を有する私が書いた「当事者作品」としてお読みいただきたいのですが、自己の見えている世界が周囲の正常な目から見た世界とは異なっているのではないかという「疑う性向」が、私には幼いころからあり、文章にもそれが表れていると自覚しています。

この「疑う性向」は、自分に対してだけではなく、周囲の正常者にも向けられて、果たして正常者は間違いなく「正しい世界」を見ており、正しい判断をしているのだろうかと言うことにも当てはめて見始めると、どうも、そうでもなさそうなことに気付きました。

つまり、「差別意識」の「頭では理解できても…」という意識です。これは、個人で形成されるものではなく、より深く「社会構造」にも起因しているのです。

よく知られているように、「問いとしての学問」を「日本民俗学」として打ち立てた柳田國男の、最終的な目標は、実は、日本人の精神的な深層に潜む「事大主義」の解明でした。

日本人の、「寄らば大樹の陰」の、そして、「周囲と同一行動を取ろう」とする事大主義から生ずる差別構造こそ、我々が問題にすべき点なのです。

本書は、単なる差別感情への抵抗の書としてではなくて、奄美出身者がさまざまな差別意識を凌《りょう》駕《が》して、「アマネシア」の優れた文化を自覚し、ここに生まれたことに誇りと自信を持てるように、そして、すべての奄美出身者が各自の精神的なアイデンティティを確立できるための啓蒙書たらんとして上梓したものなのです。

これは、下巻にも引き継がれるテーマであり、私のライフワークが「常識を疑う知の運動」としての文化人類学へとシフトし、民俗学にも共通する日本人の「事大主義」は那辺《なへん》に起因するかの解明に繋げていきたいと思っています。

畢竟《ひっきょう》するに本上下巻は「アマネシア」を視座とした『奄美文明論序説』粉本《ふんぽん》」の位置付けになります。

現在予定する下巻タイトル

30 復帰当時の喜界島（上）沖縄芝居
31 復帰当時の喜界島（中）馬小屋教室
32 復帰当時の喜界島（下）製糖小屋
33 動乱の文久二年（上）徳之島への西郷
34 動乱の文久二年（中）「宇留満乃日記」
35 動乱の文久二年（下）喜界島での村田新八
36 菊草の歌「1かけ2かけ…」の謎
37 西郷墓地の前田盛秀
38 西郷の台湾隠密譚（上）西の磯
39 西郷の台湾隠密譚（下）南澳
40 霽歌・雨晴れユングトウ
41 神は小さきものに宿り給う

---

42 薩摩藩教学・いろは歌
43 日本発祥の地・舞敷野
44 照葉文化圏育む雨雲ロード
45 鳥の糞島のこと
46 幕末維新期薩藩宗教哀史（上）魔のしょゐ
47 幕末維新期薩藩宗教哀史（中）かくれガマ
48 幕末維新期薩藩宗教哀史（下）遺恨の連鎖
49 いつふし草の根を断つな
50 敵味方戦没者供養塔3題
51 尖閣諸島・王覇の道
52 仙境淹留譚ネリヤカナヤ考

〈著者紹介〉

福島　義光（ふくしま よしみつ）

別府大学卒。筑波大学で「日本民俗学」を修める（昭和59年度鹿児島県育英財団による国内留学）。日本民俗学会会員。西郷南洲顕彰会会員。島尾敏雄顕彰会理事。奄美大島商工会議所金融部会員。奄美梁山泊主幹。JASRAC（日本音楽著作権協会）信託者（現在全国カラオケ配信中の楽曲：「今里慕情」「竹田恋歌」「別府湯煙恋歌」）

元：日本民族学会会員。元：奄美郷土研究会世話人。元：島歌を超える会事務局長。元：奄美剣道連盟事務局長。元：龍史会事務局長。元：奄美地名研究懇話会事務局長。元：奄美フィルムコミッション事務局長。

〈推薦文〉

一貫して地域社会の差別を根底にして、日々の出来事を民俗学的立場から、怒りを込めて解明した書。一方、奄美、鹿児島の歴史を知るには、またとない貴重な資料でもある。
大江修造（前・東京奄美会会長。元・東京理科大学教授）

米軍政と本土復帰後の経済格差の奄美大島で生まれ、復帰後の薩摩で育った「ことひと」はまさに奇縁である。「アマネシア」の思想は次世代への指針となるべき指導書である。
原口泉（鹿児島大学名誉教授。現・志學館大学教授）

我《わ》が奇《き》縁《えん》のことひと ［上《じょう》巻《かん》］

―アマネシアからの視《し》座《ざ》―

2023年6月28日　第1刷発行

著　者　　福島義光
発行人　　久保田貴幸

発行元　　株式会社 幻冬舎メディアコンサルティング
〒151-0051　東京都渋谷区千駄ヶ谷4-9-7
電話　03-5411-6440（編集）

発売元　　株式会社 幻冬舎
〒151-0051　東京都渋谷区千駄ヶ谷4-9-7
電話　03-5411-6222（営業）

印刷・製本　中央精版印刷株式会社
装　丁　　喜納そら

検印廃止

ISBN 978-4-344-94450-3 C0095
幻冬舎メディアコンサルティングＨＰ
https://www.gentosha-mc.com/